本书为教育部2011年人文社科项目"汉英词序的认知功能对比研究"（编号：11YJC740068）成果

刘世英 ◎ 著

汉英双项式并列短语的词序制约因素研究

HANYING SHUANGXIANGSHI BINGLIE DUANYU DE CIXU ZHIYUE YINSU YANJIU

中国社会科学出版社

图书在版编目(CIP)数据

汉英双项式并列短语的词序制约因素研究/刘世英著.—北京：中国社会科学出版社，2016.7
ISBN 978-7-5161-8576-6

Ⅰ.①汉… Ⅱ.①刘… Ⅲ.①英语—短语—词序—制约因素—对比研究—汉语 Ⅳ.①H314.3②H146.3

中国版本图书馆 CIP 数据核字（2016）第 169516 号

出 版 人	赵剑英
责任编辑	顾世宝
责任校对	张依婧
责任印制	戴 宽

出　　版	中国社会科学出版社
社　　址	北京鼓楼西大街甲 158 号
邮　　编	100720
网　　址	http://www.csspw.cn
发 行 部	010-84083685
门 市 部	010-84029450
经　　销	新华书店及其他书店
印刷装订	北京君升印刷有限公司
版　　次	2016 年 7 月第 1 版
印　　次	2016 年 7 月第 1 次印刷
开　　本	880×1230　1/32
印　　张	8.25
插　　页	2
字　　数	203 千字
定　　价	42.00 元

凡购买中国社会科学出版社图书，如有质量问题请与本社营销中心联系调换
电话：010-84083683
版权所有　侵权必究

目　　录

第一章　绪论 …………………………………………（1）
　第一节　选题由来和意义 ………………………………（1）
　　一　选题由来 …………………………………………（1）
　　二　选题意义 …………………………………………（2）
　第二节　研究范围和相关术语界定 ……………………（5）
　　一　短语的分类 ………………………………………（5）
　　二　并列短语 …………………………………………（7）
　　三　汉语和英语并列短语的外在标记和逻辑
　　　　关系 ………………………………………………（9）
　　四　本书中"双项式并列短语"包括的范围 ………（12）
　第三节　研究目标和方法 ………………………………（13）
　　一　研究目标 …………………………………………（13）
　　二　研究方法 …………………………………………（13）
　第四节　研究框架 ………………………………………（14）

第二章　研究的理论基础 ……………………………（15）
　第一节　认知语言学的基本观点与假设 ………………（15）
　第二节　范畴的原型观和标记理论 ……………………（17）
　　一　范畴的原型观 ……………………………………（17）

二　标记理论 ⋯⋯⋯⋯⋯⋯⋯⋯⋯⋯⋯⋯⋯⋯⋯（20）
　　三　标记理论与范畴的原型观的一致性 ⋯⋯⋯⋯（20）
　第三节　语言的象似观 ⋯⋯⋯⋯⋯⋯⋯⋯⋯⋯⋯⋯⋯（22）
　　一　顺序象似原则 ⋯⋯⋯⋯⋯⋯⋯⋯⋯⋯⋯⋯⋯（24）
　　二　距离象似原则 ⋯⋯⋯⋯⋯⋯⋯⋯⋯⋯⋯⋯⋯（25）
　第四节　概念整合理论、词汇化、短语固化 ⋯⋯⋯⋯⋯（26）
　　一　概念整合理论 ⋯⋯⋯⋯⋯⋯⋯⋯⋯⋯⋯⋯⋯（26）
　　二　词汇化 ⋯⋯⋯⋯⋯⋯⋯⋯⋯⋯⋯⋯⋯⋯⋯⋯（29）
　　三　短语固化 ⋯⋯⋯⋯⋯⋯⋯⋯⋯⋯⋯⋯⋯⋯⋯（31）
　第五节　小结 ⋯⋯⋯⋯⋯⋯⋯⋯⋯⋯⋯⋯⋯⋯⋯⋯⋯（33）

第三章　研究综述 ⋯⋯⋯⋯⋯⋯⋯⋯⋯⋯⋯⋯⋯⋯⋯⋯（34）
　第一节　并列短语研究概况 ⋯⋯⋯⋯⋯⋯⋯⋯⋯⋯⋯（34）
　　一　研究内容、方法 ⋯⋯⋯⋯⋯⋯⋯⋯⋯⋯⋯⋯（34）
　　二　并列短语的词序特征 ⋯⋯⋯⋯⋯⋯⋯⋯⋯⋯（36）
　　三　概念语义语序原则和语用语序原则 ⋯⋯⋯⋯（38）
　　四　制约并列短语词序的因素 ⋯⋯⋯⋯⋯⋯⋯⋯（40）
　第二节　汉英并列短语及词序对比研究 ⋯⋯⋯⋯⋯⋯（40）
　　一　汉英并列短语的共性和个性 ⋯⋯⋯⋯⋯⋯⋯（40）
　　二　汉英并列短语词序的异同 ⋯⋯⋯⋯⋯⋯⋯⋯（42）
　第三节　汉英固化双项式并列短语的词序 ⋯⋯⋯⋯⋯（43）
　　一　汉语并列复合词、固定短语的顺序 ⋯⋯⋯⋯（44）
　　二　英语并列成对词的词序 ⋯⋯⋯⋯⋯⋯⋯⋯⋯（46）
　第四节　并列短语的词序制约因素及汉英对比
　　　　　研究 ⋯⋯⋯⋯⋯⋯⋯⋯⋯⋯⋯⋯⋯⋯⋯⋯⋯（47）
　　一　语义因素 ⋯⋯⋯⋯⋯⋯⋯⋯⋯⋯⋯⋯⋯⋯⋯（49）
　　二　语音制约因素 ⋯⋯⋯⋯⋯⋯⋯⋯⋯⋯⋯⋯⋯（61）

三　词频制约因素 …………………………… (65)
　　　四　汉英双项式并列短语词序原则的异同 ……… (66)
　　　五　各制约因素和原则之间的相互关系与
　　　　　优选 …………………………………………… (69)
　第五节　小结 ………………………………………………… (72)

第四章　基于语料库的双项式并列短语的词序制约因素考察 ………………………………………………………… (76)
　第一节　研究的问题和初步假设 ………………………… (77)
　　　一　研究的问题 ……………………………………… (77)
　　　二　初步假设 ………………………………………… (78)
　第二节　语料描述与分析 ………………………………… (79)
　　　一　英语语料描述与分析 …………………………… (79)
　　　二　汉语语料描述与分析 …………………………… (80)
　第三节　汉英优势词序的频次和可逆度 ………………… (83)
　　　一　优势词序的频次 ………………………………… (83)
　　　二　汉英并列双项式的可逆度 ……………………… (85)
　第四节　汉英词序制约因素的词序预测成功率
　　　　　及排序 ………………………………………… (87)
　　　一　英语词序制约因素的词序预测成功率
　　　　　及排序 ………………………………………… (87)
　　　二　汉语词序制约因素的词序预测成功率
　　　　　及排序 ………………………………………… (93)
　　　三　词序制约因素在汉英双项式中的表现 ……… (97)
　第五节　汉英双项式并列短语的词序制约因素的
　　　　　制约力异同 …………………………………… (106)
　　　一　相同之处 ………………………………………… (106)

二　相异之处 …………………………………………（109）

第五章　词序制约因素在汉英中的异同及语境对词序的制约 …………………………………………………（113）
第一节　语言本体 ……………………………………（113）
　　一　汉英并列连词系统上的异同 …………………（114）
　　二　汉语的"意合"和英语的"形合" ………………（115）
　　三　词汇化程度 ……………………………………（118）
　　四　固化程度 ………………………………………（121）
第二节　认知 …………………………………………（122）
　　一　认知视点 ………………………………………（123）
　　二　认知显著性 ……………………………………（124）
　　三　临摹程度 ………………………………………（126）
　　四　认知策略 ………………………………………（128）
第三节　民族文化 ……………………………………（129）
　　一　礼貌原则 ………………………………………（130）
　　二　集体主义和个人主义 …………………………（133）
第四节　语境对词序的制约作用 ……………………（135）
　　一　社会语境 ………………………………………（136）
　　二　上下文语境 ……………………………………（137）
　　三　劣势词序凸显的目的 …………………………（139）
第五节　小结 …………………………………………（141）

第六章　结语 …………………………………………（143）
第一节　研究结论 ……………………………………（143）
第二节　不足之处 ……………………………………（146）

附　录 ……………………………………………………（148）
附录 1　汉语并列双项式优势词序的频次
　　　　（按频次高低排序）……………………………（148）
附录 2　汉语并列双项式可逆度得分情况
　　　　（按可逆度得分高低排序）………………………（164）
附录 3　英语并列双项式优势词序的频次
　　　　（按频次高低排序）………………………………（180）
附录 4　英语并列双项式可逆度得分情况
　　　　（按可逆度得分高低排序）………………………（196）
附录 5　汉语并列双项式词序制约因素分布…………（212）
附录 6　英语并列双项式词序制约因素分布…………（229）

参考文献 ……………………………………………………（245）

第一章 绪论

第一节 选题由来和意义

一 选题由来

世上先有鸡还是先有蛋？对这一问题的争论由来已久。语言中语言符号的先后顺序问题，如同鸡和蛋的问题一样，是语言学家们热议的话题。中外语言学界对词序的研究持续不断。从公元前500年印度语法学家Panini开始（Cooper & Ross，1975），到现代国外以Greenberg（1963）、Hawkins（1983）、Haiman（1983；1985a；1985b）为代表的学者们，再到国内范晓（2000；2002）、金积令（1998）、文旭（2001）等研究者，他们从不同的角度研究词序，并在各自的研究领域内有所建树。

并列短语或并列词组，亦称"联合短语"或"联合词组"，是综合短语内部结构和功能分出来的一种短语类别。一般来说，并列短语指的是两个或两个以上词语并列组合在一起的语法单位。其中，由两个词语并列组合在一起构成的并列短语，又称"并列双项式"，可简略为"A+B"形式。在各种语言中，这类短语普遍存在。但由于并列短语结构整齐，功能简单，一向不是语言研究者关注的重点话题。并列短语在语言研究中的地位远不及其他短语,如定心短语、述宾短语、主谓短语等,相关的论述寥寥无几。这是因为,在一些研究者看来,词与词的具体组合在多数情况下是自由的,只是在言语中随说话者或写作者的意向而组合在一起,并不定型,不能结为固定的整体(刘叔新,2006:224)。这一观点体现了在语言学界和符号学界盛行一个世纪之久的结构主义主张:语言具有任意性。长期以来,语言任意说在语言研究中占据主流地位。由于并列短语中并列项之间的地位平等,"A+B"可变为"B+A",词序大多灵活、自由,传统的结构主义语言观认为,短语,尤其是并列短语内部的词序是多变的,因而缺乏研究价值。然而,就汉英并列短语的词序而言,一些有趣的现象值得我们深入思考与研究。比如,汉语中为什么人们倾向使用"知识和技能"而较少使用"技能和知识"?为什么在英语国家语料库(British National Corpus,BNC)中"knowledge and skills"和"skills and knowledge"的出现频次相当?这两个并列短语的词序究竟受什么因素的制约而呈现出不同特点?这是本书要解决的问题之一。

二 选题意义

语言是语言符号的序列。在多数情况下,语言文字的一维性制约了语言符号的排列。语言符号需要以某种词序或语序进行编排。在语言的使用中,语言的结构顺序与语言的特点、文化传统、认知能力以及语用目的等息息相关。对各种语言现象和语言规律的探寻,离不开词序这一重要的语法手段。古今中外对词序的研究比比皆是。赵元任(2003:51)在谈到词序在语言研究中的重要性时指出,"差不多全世界的语言,没有不利用先后的词序当一种语法关系的"。萨丕尔(Edward Sapir)也正是从符号的逻辑顺序——语序入手,才"找到了一把打开各种语言形式的建构秘密的钥匙"(申小龙,2008:84)。语言研究从结构主义的任意说支配的范式转向认知功能的理据支配的解释方式,使得语言学家和研究者们重新审视词序并日益重视词序的研究。

本书以汉英双项式并列短语的词序为研究对象,主要采用语料库定量研究的方法,探讨制约短语词序的因素,并分析词序制约因素在汉英双项式并列短语中的表现异同。本书的研究有以下几方面的意义。

(一)完善词序研究

双项式并列短语词序的研究是词序研究以及语言研究的重要组成部分。词序在汉语语法中具有非常重要的地位,是言语流的存在方式和本质特点,具有一维性。与富于形态变化的英语相比,汉语没有严格意义的形态变化,需借助虚词、词序、隐含意义或其他方式分别表达相应的语法意义。因此,词序在汉语语法中的地位尤其重要。20世纪80年代以来,汉语词序研究日益成为一个引人注目的研究领域,这一话题涉及方方面面,如汉语中的各类短语和句型,定语、状语语序等。但由于双项式并列名词短语的结构和功能单一,其词序问题长期缺少必要的关注,目前的研究仍停留在笼统的描写和定性观察上。可喜的是,近年来,认知语言学理论和语料库研究方法的兴起,为这类短语的词序研究提供了崭新的视角和操作的途径。从认知语言学以及功能语言学角度,全面研究词序问题,对于更新语法观、完善语法研究的方法论、规范语言、深化对短语的研究等都有促进作用。

(二)具有语序类型学研究方面的价值

汉英双项式并列短语的词序制约因素对比研究,对语序类型学研究有着不可忽略的价值。汉英两种语言虽然具有相同的基本语序类型SVO(尚在争论之中),但语言本身的不同特点,导致了词序在两种语言中作用的差别。从组句来看,汉语受词序影响较英语明显；从构成短语的成分的序列来看，有同有异。制约两种语言中双项式并列短语词序的因素既有相同点，也有不同点。进行汉英双项式并列短语的词序制约因素的对比研究，包括对其加以分类、观察、描写和解释，异同比较及原因分析，有助于揭示汉英两种语言的共性和个性。寻求不同语言之间的共性与个性，从而概括、总结出各语言的共同规律和一般原理，正是普通语言学研究的目标，也是类型学研究的目的。

（三）在语言教学、翻译、词典编纂等方面具有参考价值

汉英双项式并列短语词序制约因素的对比研究，对语言教学、翻译实践以及词典编纂有一定的参考价值。语言教学是建立在本体研究基础之上的。两种语言的本体研究为教材的编写、汉语教学和英语教学方法的确立等提供了理论依据。就汉语而言，词序是句子结构的表达方式，也是重要的语法手段。对汉语词序的研究不仅可以让人们认识到汉语的语法特点，而且有益于汉语教学。就英语来说，由于英语形态变化相对丰富，在句子层面上的词序相对自由。但是，我们也发现，在英语双项式并列短语中，在语义和语音等制约因素的作用下，其词序的灵活度受到了限制。英语中不少并列双项式已经凝固。因此，深入系统地分析词序制约因素在汉英双项式并列短语中的异同，对汉语教学以及英语教学有一定的参考价值。

此外，汉英翻译实践中存在大量并列结构词序调整的情况。本研究对于推动翻译和英语教学的发展具有现实意义。从实际语料出发，利用大型语料库，采用实证方法分析词序制约因素在汉英双项式并列短语中的异同，探讨其所反映的汉英思维模式和语言文字的差异，对提高读者语言应用能力和翻译水平有一定的启示意义。

最后，部分汉英并列短语已固化成词或成语，部分处于半固

化或类固化状态,而词典的编纂却尚未涉及后者。因此,本研究可为汉语词典和英语词典编纂提供参考。此外,英语中归为短语的结构,在汉语中可能已经词化。研究揭示的两种语言的相似与差异对汉英词典和英汉词典的编写有一定的参考价值。

(四)促进汉英语言的对比研究

本书以语料库检索的方式研究汉语双项式并列短语的词序,并进行认知功能的汉英对比研究,试图弥补这一研究领域的某些空白。认知语言学的发展和语料库方法的利用,为语言对比研究提供了认识论和方法论的基础。在国外,以认知为基础的语言对比研究已具雏形,并取得了一定的成果。但是,在国内,以认知和功能为基础的汉英双项式并列短语的词序研究,仅散见于少数著述和论文中,且局限于词序现象的描写和认知功能阐释,缺少系统性、全面性和科学性,更缺少借助大型语料库进行分析的论著(详见第二章)。基于语料库的汉英双项式并列短语词序制约因素的认知功能对比,会对汉英语言的对比研究产生积极的推动作用,进而为构建对比认知语言学的框架添砖加瓦。

第二节 研究范围和相关术语界定

一 短语的分类

短语是汉语和英语以及其他语言中大量存在的词的组合,亦称"词组"。其结构及其语义功能类型相当复杂。传统的观点认为,短语区别于语音单位或词汇单位,是一种语法单位;能在句子中充当成分,如主语、谓语、宾语等。从构成成分来看,短语是两个或两个以上的词的组合,单个的词不能成为短语。同时,两个或两个以上的词构成短语时遵循一定的结构规律。总之,短语是做某种成分的语法单位,是介于词和句子之间、按一定结构方式构成的两个或两个以上的词的组合。短语与词既有联系,也有区别。一方面,短语和词都是语法单位和造句的材料;另一方面,短语由词构成,所以是比词高一级的语法单位。短语与句子之间也存在异同。相同之处在于句子也是由两个或两个以上的词构成的,结构方式也有相似之处,如主谓式、述宾式等;相异之处主要表现为句子有特定的语调和表述性(范晓,2000:3)。例如"立正"作为短语时不具有表述性,也无语调,而当其作为训练中的用语时,有表述性和语调,便成了句子。短语在语言分析中有着重要的地位。语句的分析、复杂结构的理解以及句型的确定等都离不开对短语的研究。

短语的分类有不同的标准,常见的有三种短语分类法:(一)根据内部的结构来分类;(二)根据外部的功能来分类;(三)根据内部词语之间结合的松紧来分类(范晓,2000:5)。根据内部的结构可分为复合短语和派生短语。前者由实词和实词构成,后者由实词和虚词构成。这两类短语可进行进一步的分类。复合短语根据句法结构关系,可分为主谓、述宾、定心、状心、述补、兼语、顺递、并列、重叠、复指短语十小类;派生短语是实词和虚词的结合,在句子中的作用相当于实词,可根据虚词的性质分为方位、量词、介词、助词短语四小类。根据外部的功能可分为四大类,即体词性短语、谓词性短语、点别词性(包括指词、数词和区别词)短语和副词性短语。根据短语内部词语之间的松紧程度,可分为自由短语和固定短语两类。短语的这三种分类之间相互联系,互为对照。汉语中,"新衣服"从结构关系来看是定心短语,从外部功能来看是体词性短语,从词语之间的松紧程度来看则是自由短语;英语中,"bread and butter"是并列短语、体词性短语以及固定短语。

二 并列短语

在早期的汉语研究中,"并列结构"这一概念可追溯到赵元任的《国语入门》(1948)。然后是丁声树编著的《现代汉语语法讲话》(1961)就该概念进行了具体分析。此后,研究者们按照传统的结构主义分析思路,主要采用层次分析法,对并列短语的标记、语法功能、界定、分类、划界和语义关系等方面进行了研究,成果斐然。

(一)并列短语的界定

汉语中,"并列短语"这一概念有诸多定义,且通常与"联合短语"相提并论,二者被认为意义相同或稍有区别。对并列短语的界定,目前主要是依据与其他概念比较时对其特征的分析进行的。首先,回顾与"并列短语"或"联合短语"这一概念相关的代表性说法。朱德熙在《语法讲义》(1982)中指出,联合结构由两个或更多的并列成分组成。并列项可以叠加,可以无形式上的标记、采用停顿隔开或在每一项后加上语气词,如"啊"、"啦",等等,有时也可以用虚词连接。丁声树在《现代汉语语法讲话》(1961)中认为并列结构的成分是平等的,并指出成分与成分之间讲究字数匀整。邢福义在其编著的《现代汉语》(1991)中提出,联合短语组成部分之间有联合关系,进而把联合关系细分为并列、选择、递进等类别。在他后来的著作《汉语语法三百问》(2002)中,对联合短语有了更详细的解释,特别是提到了联合项的词序问题,指出联合项可以按照一定的逻辑要求排列次序。范晓在其著作《短语》(2000)中,对联合短语做了进一步划分,分为并列短语、顺递短语、同位短语、重叠短语。可见,联合短语和并列短语是上下位概念。并列短语只是联合短语中的一类,其组成部分语法地位平等、表达同一语法功能。

学界对"并列"这一概念有狭义和广义之分。并列适用于词、语、句等不同的结构层次。广义的并列指的是具有联合关系的并列词、短语或者并列句,如朱德熙所说的"两个或更多的并列结构成分组成联合结构"(1982:156)。狭义的并列是将并列与选择、承接、递进等关系相对,如上述范晓(2000)的分类论述。黄伯荣、廖序东(2002:62)也持相似的观点,认为联合短语由语法地位平等的两个或几个部分组成,其间是联合关系,可细分为并列、递进、选择等关系。本书所讨论的并列短语,指的是狭义的并列,属于联合短语大类中的一个小类,但有时为方便行文,将二者等同处理。

并列短语和并列式复合词的区别,也是在对并列短语划界时常被学者们论及的一个话题。和英语不同,在汉语中,除并列短语外,根据汉语的特点以及造词方法,存在不少并列式复合词。并列短语和并列式复合词的划界方法主要有意义鉴定法、功能鉴定法以及隔开法(也称"扩展法")三类。朱德熙(1982)等学者还提出了意义和形式相结合的鉴别方法,以弥补三类方法的缺陷。这种意形结合法主张采用并列结构是否能够扩展,组成部分的语法功能是否一致,其意义是否实指、独立这几方面相结合的标准区分并列短语和并列式复合词。

从并列成分的来源来看,名词、谓词、数词、方位词、时间词等各类词以及各类短语,如名词性短语、形容词性短语都可以构成并列短语。由纯粹词和词构成的短语我们暂且称为"单纯性并列短语";短语和词、短语和短语构成的并列短语可称为"复杂性并列短语"。而这两类短语的并列组合加上句子的并列组合可以统称为"并列结构"。此外,理论上,并列项的数量可以从两项无限延伸到无数项,从而表达错综复杂的思想。

短语有固定和自由之别，并列短语也是如此。汉语中，固定的并列短语成为成语或固定语；在英语中则成为成对词，从而作为固定表达的词语收入词典。

（二）同类并列和异类并列

一般来说，词性的同一性是并列短语对组成成分的要求，英语恪守这一原则。然而，汉语词类划分的模糊性，决定了汉语中存在不同词性的词充当并列短语的并列项的现象，从而形成异类并列短语。异类并列短语这一客观存在的语言现象也引起了不少研究者的关注。储泽祥（2002）指出，异类并列短语的体词性倾向于词类成员的非范畴化是并列的重要基础，同时提出异类并列中语用影响的两个方面：经济、新奇或俏皮。异类并列短语是一种平衡性短语，同时并列项之间较远的语义距离使之也具有非并列短语的不平衡性，汉语词类的多功能性为并列创造了前提条件，而语义距离虽远却临时相关是异类实现并列的关键。构成异类并列短语的词语，一般是名词、动词、形容词以及相应的短语，且多数异类并列短语需带上外在标记"和、与、而"等连词。从固化程度来看，异类并列短语整体结构的凝固性弱，语法功能也弱于同类并列短语，因此数量较少，使用频率较低。

三 汉语和英语并列短语的外在标记和逻辑关系

（一）外在标记

李育林、邓云华（2009）通过考察汉语和英语以及其他语言的并列短语标记性，发现世界上多数语言如英语等的并列短语标记性种类只有"有标记"一种，而汉语等少数语言有两种标记手段："有标记"和"无标记"。英语中并列短语采用有标记的连词手段，而汉语中除使用连词外，还经常采用无标记手段。

并列短语标记性的范畴等级为（标记虚零/无标记）＞标记程度小＞标记程度大（">"表示"先于"或"强于"，下同）。

邓云华在专著《英汉联合短语的对比研究》（2005）中分析了汉语并列结构（包括短语和词，也可称为"并列词语"）无标记的原因，主要有四个方面：

（1）合成词的语义整体性。和英语不同，汉语等汉藏语系语言中存在的并列复合词为数不少，本身表达的是整体概念，标记不出现。

（2）并列短语的意合性。汉民族思维模式体现在语言中具有意合普遍性。意合普遍性导致了汉语主要通过语义而不是形式的连接实现词与词、短语与短语之间的结合。

（3）结构匀称、音律和谐。并列双音词和四字格体现了汉语造词中的结构匀称和音律的和谐齐整。没有连词的隔离使得并列结构匀称、紧凑，音律和谐、齐整，从而达到读起来有抑扬顿挫的美感。除固化的并列复合词外，汉语中自由的并列短语也常采用无标记方式，以实现结构匀称和音律和谐之美。

（4）概念的亲近性。概念的亲近性是并列结构采用无标记的重要原因。并列项在概念上越亲近，标记不出现的可能性就越大。

（二）逻辑关系

石毓智（2006）在谈及并列结构的逻辑关系时指出，从逻辑学的角度来看，汉语和英语中的并列结构所表达的基本逻辑关系不外乎"合取"和"析取"两大类。他还给二者下了定义。"合取"是指两种或者多种事物、属性或动作行为等情况同时存在。在并列结构中，英语的基本连词为"and"，连接合取的部分，汉语中主要是"和"等。两种语言中可连接的语言单位包括词、短语或者句子。因此，就并列短语而言，主要是指词、短语合取而成的结构体。与"合取"不同,"析取"是指在两种或者多种事物、属性、动作行为中选择其一。英语中的基本词语为"or",汉语中用"或者"等连接。同样,所连接的言语单位包括词、短语或者句子。

合取和析取作为现实世界中的各种事物现象之间的两种基本逻辑关系,体现在语言中时需要有必要的连接手段:词汇连接或缺省。与英语的有标记手段不同,汉语中的并列短语既使用词汇手段,也有无标记缺省的方式,其根本原因在于概念亲近性这一语义范畴在汉语并列短语中起着重要的支配作用。由于不同语言对事物现象的认知视点的不同以及语言文字本身的特点,并列短语的逻辑关系的连接手段存在差异。

现代英语中表示合取逻辑关系的连词主要是"and"一词(Quirk et al., 1985)。对连接的语言单位在语法地位上的平行性要求严格,但不受语言单位层级和词性的限制,只要求并列项处于平等的语法地位。而汉语的合取连词不仅要求并列项语法上平行,而且有严格的词性和语言单位层级的限制。例如"和"只能连接名词和名词短语等体词性成分,而较少用来连接动词、形容词等谓词性成分,不能连接小句。"和"只是在现代汉语阶段才开始用以连接动词或形容词等谓词性成分,而且较常见于书面语中。石毓智(2006)认为,"和"在书面语中连接谓词性成分的用法是受英语影响出现欧化句式的现象。

现代英语中表示析取逻辑关系的连词主要是"or"(Quirk et al., 1985)。使用的条件跟"and"一样,不受语言单位层级和词性的限制,只需并列项处于平等的语法地位即可。现代汉语中最主要的析取连词为"或者",与英语的"or"用法接近,使用条件也相近,没有语言单位层级和词性的限制,这一点跟表合取关系的连词"和"在用法上是不平行的。

四 本书中"双项式并列短语"包括的范围

综上所述,就汉语而言,虽然目前学界对于并列短语的界定和分类仍有分歧,但对于"并列短语"这一概念,也有以下几点一致的看法:

(1) 同一成分里可以有两个或两个以上的结构成分,词性相同。

(2) 各成分结构的功能相同。

(3) 每个成分的功能跟词组的功能相同,分别等于或相当于该成分的功能。

(4) 各成分平等相处,没有限制与被限制、支配与被支配、陈述与被陈述等功能关系。

本书选取并列短语中的"双项式并列短语"作为研究对象,有以下几方面的原因:

(1) "并列短语"作为研究对象中的一个核心概念,表明了其构成部分只能是词或者短语,排除了句子的并列,缩小了研究的范围,有利于对其进行深入和系统的研究。此外,为实现语料库研究的顺利进行,本研究中的并列短语专指词与词并列组成的短语,即由光杆名词组成的并列短语,不包括短语与词以及短语与短语组成的并列结构。

(2) 本书中的并列短语指的是合取类,不包括析取类。

(3) "双项式"这一概念,表明研究范围缩小到只有两项构成的并列短语。

需要说明的是,由于汉语和英语中连接并列项的手段有差异,尤其在表合取逻辑关系时,汉语连接手段的复杂性对全面系统的研究造成很大的困扰,目前无法实现使用大型语料库进行研究,也无法进行汉英对比。因此,缩小研究中并列短语的范围,为语料库研究方法的实现以及在此基础上的汉英对比提供了可行性。

概而言之，本书研究的是汉英双项式合取类单纯并列短语的词序制约因素。为简便起见，本书主要采用"双项式并列短语"或"并列双项式"这两个术语。

第三节 研究目标和方法

一 研究目标

通过语料库定量分析汉英双项式并列短语的词序制约因素，本书力图实现如下目标：

（1）考察词序制约因素的词序预测成功度高低（制约力或作用的大小）。

（2）预测和说明短语固化。

（3）描写和解释词序制约因素在汉语和英语中的表现异同。

二 研究方法

第一，本书研究的主要方法是语料库的定量研究方法。本书在前人研究的基础上提出假设，利用英国国家语料库（British National Corpus，BNC）和国家语委现代汉语语料库（Chinese National Corpus，CNC），以及北京大学语言学研究中心现代汉语语料库（Center for Chinese Linguistics，CCL）三大语料库，针对上述研究目标和具体问题，进行数据统计、比较与分析，以证实或证伪提出的假设。第二，本书采用微观和宏观相结合的方法，既研究双项式并列短语词序制约因素的内部原因，也探寻其外部原因。第三，本书采用静态与动态相结合的方法，一方面主要考察词序的静态形式，或短语在语料库中的优势词序；另一方面全面深入分析导致词序制约因素在汉英双项式并列短语中的表现异同的原因以及语境对词序的制约作用。第四，本书采用归纳和演绎相结合的方法，对有关词序制约因素、原则既有归纳总结，也有演绎推导。

第四节　研究框架

本书由六章构成。

第一章为绪论，阐述选题的由来和意义，界定本书涉及的术语，厘清所用术语之间的区别与联系，确定研究的范围，最后提出研究的思路、目标和方法。

第二章论述研究的理论基础，为后续的研究以及分析阐释建立理论框架。

第三章综述前人的研究，总结汉语和英语双项式并列短语及其词序制约因素方面已有的研究，找出不足之处。

第四章为论文的核心部分，主要阐述语料的搜集、人工排查方法及步骤以及发现结果。

第五章着重论述词序制约因素在汉英并列双项式中的作用异同并阐述语境对词序的制约作用。

第六章为结语，总结本书得出的成果，并指出研究尚存的问题和不足。

第二章 研究的理论基础

第一节 认知语言学的基本观点与假设

20世纪70年代末兴起的认知语言学作为解释语言的一种路向，涉及众多话题，在当今语言学界方兴未艾。王寅通过对该理论的哲学基础、生理学基础以及语言学基础等方面的研究，将狭义的认知语言学定义为："坚持体验哲学观，以身体经验和认知为出发点，以概念结构和意义研究为中心，着力寻求语言事实背后的认知方式，并通过认知方式和知识结构等对语言作出统一解释的、新兴的、跨领域的学科。"（王寅，2006:11）

根据这一定义，认知语言学与乔姆斯基（Noam Chomsky）所代表的转换生成语法，有着本质的差异，主要表现在研究目标、基本假设和研究方法等方面。乔姆斯基的转换生成语法认为：

（1）语言是一个自足的系统，具有数学的特征，其自足性使其可以基本脱离范围更广的知识系统加以研究。

（2）语法尤其是句法是语言结构的一个独立部分，有别于词汇和语义。

（3）对意义最恰当的描述方法是通过建立在真值条件基础上的某种形式逻辑。

(Langacker,1991b:1,转引自束定芳,2008:9—10)

然而,认知语言学对意义和语法的看法与上述观点迥异,主要有以下几点:

(1) 语言不是自足的系统,不能不参照认知过程来描述。

(2) 语法结构不是一个自足的形式系统或表征。语法本质上是象征性的。

(3) 词库、词法和句法等语言单位形成一个连续统。语法单位的分析必须参考其语义价值。(束定芳,2008:9—10)

因此,认知语言学的基本原则可以概括为三大假设(Croft & Cruse,2004):语言不是一个自主的认知机能;语法就是概念化;语言知识来自语言使用。

可见,认知语言学家们认为语言和人类的认知密不可分。语言的形成跟认知能力和经验世界(认知对象)相关,语言系统是认知能力和经验世界相互作用的结果。

基于认知语言学的基本观点,针对本书涉及的核心概念"词序",笔者提出以下看法:

(1) 由于现实与语言的对应不总是线性的,双项式并列短语的词序受现实规则和人们认知的影响。

(2) 双项式并列短语优势词序和劣势词序是有理据性的,对它们的解释必须到语言外部去寻找。

(3) 词序和语义密不可分,词序原则和语义结构之间存在对应关系。

(4) 语法是一个相对独立而开放的形式系统,语法规则作为一个系统,一旦形成,就具有相对的独立性,可以反过来影响甚至制约人们的认知活动。因此,双项式并列短语词序受语法系统本身的制约。

(5) 同一语言内部双项式并列短语词序的变化跟语音、语义、语用密切相关；不同语言中该结构的词序的同异在一定程度上体现了认知的共性和个性。

第二节 范畴的原型观和标记理论

一 范畴的原型观

范畴观决定语言研究的范围，同时影响研究方法。对范畴的认识有两种截然不同的观点，一种是经典范畴理论，另一种是原型范畴理论。从亚里士多德到维特根斯坦之前的两千多年是传统的经典范畴理论时期。经典理论认为，范畴是通过一组共同特征而建构起来的，因而可由特征集或者一组充分必要条件单独来定义；范畴的特征是二分的，边界明确，没有核心成分和边缘成分之分。

以维特根斯坦、Austin、Langacker、Lakoff 等人为代表的原型范畴理论（prototype therory）认为充分必要条件不能很好地定义范畴，范畴内成员具有家族相似性，地位不平等，范畴的边界模糊等特点。可见，两种范畴观持完全相反的观点。Lakoff（1987）将经典的范畴理论形象地比喻为"容器"，即范畴是一个容器，具备定义性特征的成员在里边，不具备的就在外面，这和原型范畴理论观下范畴成员按家族相似性原则组合的说法相悖。范畴的原型观认为范畴内有最佳成员或典型代表，即"原型"，是范畴核心图式化的心理表征。在范畴化中起关键作用的是认知显著的原型，换句话说，原型是一种认知参照点。范畴内的原型典型性高。

就并列短语的典型性而言，邓云华指出，名名并列短语在各语言中占有最高的比例，具有较高的典型性。世界上有少数语言甚至只有名名并列，如土族语和普米语；有的语言中并列结构大多是名词，如日语和高山族语。各词类组成的并列短语典型性等级为：名词并列短语＞动词并列短语/形容词并列短语。此外，名名并列短语有多种联结方式。排除结构项为称谓词或姓名的短语、方位名词短语、时间名词短语、"的"字短语及固定短语，名名并列短语的联结方式共有四种：

（1）$N_1 + N_2$：两个光杆名词的联合、并列。如："经济和文化"、"政治和经济"。

（2）$NP_1 + NP_2$：两个名词短语构成。如："漂亮的姑娘、年轻的小伙儿"。

（3）N + NP：一个光杆名词和一个名词短语构成。如"这是对一个人的人品和办事能力的最佳赞赏"。

（4）NP + N：一个名词短语和一个光杆名词构成（例略）。(2004：49)

根据统计发现，比例较高的名名并列结构形式是前两种：$N_1 + N_2$ 和 $NP_1 + NP_2$，第一种占总数的53%，第二种占总数的40%，而第三种和第四种仅占总数的7%。由此可见，典型的并列短语是由两个光杆名词构成的双项式短语，这也是本书研究对象的主要范围之一。并列短语有原型和非原型之分，从最不典型到最典型，是一个连续统，这一结论可以从原型理论的主要观点中得出。

原型范畴理论可以用来解释各种概念结构。语言结构同其他概念结构一样，没有本质的区别，都是建筑在相同的认知机制之上的（Lakoff，1987：57）。因此原型范畴理论不仅可以用来解释非语言的概念结构，也可以用来分析语言结构，如 Taylor 在《语言范畴化——语言学理论中的原型》（1989）一书中就提到可以运用原型范畴理论研究多义词、词法、句法、音位、语调等语言方面的话题。按照原型理论的观点，汉语中通过词法或句法转变而来的双音复合词，跟转变前的短语之间的界线也是模糊不清的。在该理论框架内，词素、词、短语、句子等各级语言层级的成员都有典型和非典型之分，并列短语也不例外。

范畴的原型观可用来解决语言系统内范畴的划分这一难题。词汇和结构的研究是语言研究的两大重要内容。无论是生成语言学、功能语言学还是认知语言学，尽管各套理论在术语表达上采用了不同的称呼，其理论的核心部分都是有关词汇和句式的研究。就认知语言学而言，这两部分的内容就是"词汇语义学的认知研究"（cognitive approach to lexical semantics）和"语法形式的认知研究"（cognitive approach to grammatical form）（徐盛桓，2010：86）。在该理论框架内，不严格区分句法和词法，词汇—句法构成连续统。只是在实际研究中，为叙述之便，才将词汇和句式结构的研究大体分开。因此，并列短语词序的研究，既涉及对词汇的研究，也跟句法、词法有关。

范畴的原型观不但可以用来解决语言系统内范畴的划分难题，也可以推断并论证并列短语并列项的语义亲疏关系。储泽祥（2002）采纳认知语言学中关于语义范畴的"家族相似性"的有关观点，论述了并列短语并列项的语义联系，并在此基础上提出并验证了语义亲近性是并列短语并列的基础。同时排列出语义亲近性的亲疏等级序列：两个近义词构成的并列短语＞两个类义词$_1$构成的并列短语＞两个反义词构成的并列短语＞两个上下义词构成的并列短语＞两个类义词$_2$构成的并列短语＞两个对义词构成的并列短语＞临时亲近的两个词构成的并列短语。

邓云华（2004）在讨论联合短语内部的排序时，提出了典型性成员位于非典型性成员之前的排序原则。这一观点和布拉格学派提出的标记理论用于词序分析的阐释基本一致，即无标记项先于有标记项原则。

二 标记理论

20世纪30年代由布拉格学派提出的标记理论（Markedness Theory），是语言学中用于分析语言系统的重要原则之一。标记性体现了语言范畴内部存在的对立的不对称关系，这在用来分析并列双项式的一维线性顺序的不对称上有着重要的作用。布拉格学派从研究音位对应的现象出发，以"有标记"与"无标记"来说明音位中的否定对立（private opposition），比如/d/和/t/之间音位的否定对立，表现为浊辅音和清辅音的对立。这种对立可以用有标记项（the marked term）和无标记项（the unmarked term）的对立来说明。Jakobson 将"有标记"和"无标记"引入语法和词汇研究领域，用来解释和说明一些语法和语义现象。标记理论认为，语言系统中部分单位负载的意义为中性，便是无标记项。与此相反，另外的单位则在中性意义上附加了某些特征义，成为有标记项。李玉萍（2004）认为，无标记项比有标记项更基本、更自然、更常用，而有标记成分传达的信息比无标记成分所传达的更精确、更具体。胡壮麟（1996：5）指出，标记性是以形式和意义之间的象似性为理据的。

语言中，结构上更为标记的范畴在实质上也是更为标记的。有标记和无标记的区分主要有三个标准：一是结构的复杂性，即在构造上标记性以形式复杂性为前提，有标记项在结构上更复杂，无标记项较简单；二是频率的分布，即有标记的范畴出现的频率低于无标记的范畴，因为前者在认知上更为显著；三是认知的复杂性。

三 标记理论与范畴的原型观的一致性

有标记与无标记受交际的、认知的、社会文化的、神经生物的因素驱使，有标记的范畴趋向于认知上较为复杂的情况，所需时间、精力和注意力也比无标记范畴多。无标记项是规则、平常、普遍性的；有标记项是不规则、不平常、例外的。无标记和有标记之间是一种程度上的强弱、频率上的高低以及数量上多寡之间的关系（叶建军，1999：15）。王寅（1998：53）提出"标记象似性"这一概念，认为有标记项象似于额外意义，无标记项象似于不可预测的信息。有标记项在结构上更为复杂，认识上也较为复杂，因此，在思维的处理过程中需要较多的精力和注意力，所需时间也较长，无标记项则相反。就词序而言，标记性象似于组词的顺序。表示"一般的、较大的、明显的、积极的"等含义的项多为无标记项，英语和汉语中不少并列短语的排列就是遵照从无标记到有标记的顺序。以英语为例，从一般到特殊，如"generally and particularly"；从单数到复数，如"one and all"，"cheese and crackers"，"whole and parts"；从肯定到否定，如"good and evil"，"true and false"等。

英语中的"由近及远"以及"从高到低"等顺序都是标记象似性的体现。"近"可见、明显，因而无标记；"远"是不可见、不明显的，因而是有标记的。

标记性的存在说明范畴内部是不对称的，因此，标记理论对于区分有标记项和无标记项的主要观点和认知语言学中的原型理论区分范畴成员典型性是一脉相承的。无标记项在认知范畴中出现频率高，最先被人们所识别，是范畴中的中心成员，是原型；而有标记项有更多附加的特征意义，也更具体和特殊，在范畴中属于边缘成员或非典型成员。标记理论与认知语言学概括性解释语言的目标是一致的，都试图找出概括多个层次和多个方面的一般原则，以简驭繁。无标记项体现出形式上和意义上的简约性，即认知的简便；有标记项则相反。因此，传统上被划分为功能学派的标记理论和认知语言学的范畴原型观,从不同的侧面,采用不同的术语,说明了同一条重要的排序原则:无标记项先于有标记项或典型成员先于非典型成员。

第三节 语言的象似观

象似性(iconicity)是认知语言学研究中重要的话题之一。对象似性的理解,有广义和狭义之分。狭义的象似性是指语言形式直接临摹现实世界中的客体,即皮尔斯(Pierce)所说的映象符(Image Icon)。认知语言学家认为,认知规律制约着自然语言,自然语言体现出认知规律,二者存在密不可分的联系。因此,目前大多数的研究者对象似性做的是广义上的理解。在广义上,语言符号的有理据性、非任意性就是象似性,表明了语言形式是体验、认知、语义等多种因素互动的结果。语言的象似性就是指感知到的现实的形式与语言成分及结构之间的相似性。Givon(1990:967)也主张类似的观点,认为意义与形式之间的对应关系就是象似性。

王寅在《论语言符号象似性》(1999)一书及其相关的著述中对象似性也持广义上的定义:语言符号在语音、语形或结构上与其所指之间存在映照性象似的现象。语言的形式和内容或语言符号的能指和所指之间存在的非任意性、有理据性、可论证性,便是象似性。

句法的象似性问题很早就有学者注意到。Haiman 在《自然句法》(1985a)一书中提到德国语言学家早在 1932 年就发现德语中语言距离有概念距离促动这一句法原则,并把该原则称为"第一定律"(the first law)。Jakobson 在《语言本质的探源》(1965)一书中强调了皮尔斯有关象似性的观点,并引用恺撒大帝的一句名言"veni, vedi, veci"证明句序和时序之间有象似关系。最先明确提出"句法象似性"（syntactic iconicity）这一概念的是 Cooper 和 Ross（1975）。此后，美国功能语言学家 Haiman（1980、1983、1985a、1985b）全面系统地研究了句法象似性问题。Givon（1985、1990）等也进行了深入的研究，考察了跟句法的非任意性相关的同构原则、象似性编码的生物基础和认知基础等。除 Haiman 和 Givon 外，其他学者也从不同角度研究了象似性，如 Croft（1990）从类型学角度的研究，Slobin（1985）从心理语言学角度的研究，以及戴浩一（1985）专门针对汉语语序象似性的研究等。Croft 从语言类型学和标记理论的角度考察了句法象似性。Slobin（1985：221）借鉴前人对象似符的理解，以一个形象的比喻说明了什么是象似性：语言的形式与意义之间的关系，就像印章会留下印记，身体要投下影子一样，不可避免地具有象似性，并从心理语言学角度考察了儿童语言的象似性。戴浩一在对汉语语法的研究中发现，与其他语言如英语相比，汉语具有较强的临摹性，即遵守时间顺序原则。Greenberg（1978）通过对语言共性的研究也支持词序象似性大量存在这一观点，指出在人类语言中，若其他条件相同，子句的顺序和时序一致。

国内也有不少颇具影响力的有关象似性问题的专著和论文，如王寅的专著《论语言符号象似性》（1999），沈家煊的论文《句法的象似性问题》（1993）以及文旭的文章《句法的拟像性探索》（2001），等等。值得一提的是，王寅（1999）指出，除顺序象似原则、距离象似原则以及数量象似原则这三条常被论及的象似性原则外，标记象似性、话题象似性以及句式象似性也是重要的象似性原则。标记象似性指的是，标记从无到有象似于认知的自然顺序及组词的一般顺序，有标记性象似于额外意义，无标记性象似于不可预测的信息；话题象似性指的是，分句的话题象似于思维的起点，分句的述题象似于思维的过程和结果；句式象似性是指组词成句的方式象似于民族的思维定式和社会文化习俗。在国外 Simone 以及 Landsberg（1995）编著的两本论文集中，除了从句法角度分析象似性的文章外，也有不少从语用学、话语分析、语法习得的角度探讨象似性的文章。由此可见，象似性的研究在认知语言学和功能语言学领域已经逐渐广泛化、深入化，涵盖的话题越来越多。

与并列短语及其词序相关的象似性原则主要是顺序象似原则和距离象似原则，以下就这两条原则进行详述。

一 顺序象似原则

顺序象似原则主要指的是戴浩一（1988：10）提到的"时间顺序原则"（the principle of temporal sequence，PTS）：两个句法单位的相对次序取决于它们所表示的概念领域里的准状态的时间顺序。戴浩一在该文中提到，汉语句子的时间连接词，如"再"、"就"、"才"连接句子时，通常是第一个句子中事件发生的时间在第二个句子之前。例如，"我吃过饭，你再打电话给我"、"我们工作一结束，他就来了"、"你给他钱，他才给你书"，等等。如果调换两个子句的顺序，就不符合汉语的语法。相反，对应的英语表达则可以换序。汉语中的连谓结构、状语和谓语动词之间的相对位置以及动词之前介词短语的语序等，都可以概括为时间顺序原则。在时间顺序原则下，语言的结构直接反映了现实的时间顺序，是语言临摹现实的最好例子。谢信一（1992）将戴浩一提出的时间顺序原则分成三类：真实时间顺序原则、推断时间顺序原则、想象时间顺序原则。汉民族通过汉语建立这三种时间，建构概念，以描绘现实世界。严辰松（1997）在分析语言的临摹性时提出，语言中的疏离、对称性、不可预料性以及思维的顺序,是临摹性的具体表现。其中,"思维的顺序"即指时间顺序原则。

二 距离象似原则

距离象似原则也叫"临近拟像原则"、"接近象似性"等。距离象似原则是一种概念、语义关系。Jespersen(1929:56)提出:紧密相连的观点趋向于放在一起。并列短语并列项的相邻,是受语义接近性驱使,遵守距离象似原则。Haiman(1983)把距离动因表述为:语言成分之间的距离反映了所表达的成分之间的距离。这一论述与 Givon(1990)所称的"相邻原则"(the proximity principle)相似。相邻原则指概念距离越小,语言距离越小。反之亦然。

如前所述,汉语并列短语的标记方式分为有标记和无标记两种。从标记程度来看,在世界各种语言中,汉语并列结构存在的无标记方式表明汉语属于弱标记语言,而其他多数语言中的并列结构都有标记性。在汉语中,并列成分在语义上距离接近的通常不需要标记就能组成并列短语,这与以英语为代表的语言中并列结构的强标记性相反。标记程度的大小象似于联合成分之间的语义距离,成分之间的语义距离越大,标记就越明显,标记的强弱完全对应于语义距离的大小(邓云华,2004:106)。可见,汉语并列结构的弱标记性正是高距离象似性的体现。在语言结构与人的经验结构的对应程度上,汉语并列结构的距离象似性强,英语象似性弱。

就并列短语而言,其标记性、典型性、象似性之间的关系可以参考邓云华在其博士学位论文中通过对汉语并列短语各种特性的研究以及和其他语言的对比分析发现的五条语言共性,其中四条跟本书相关:

(1) 关于短语的标记性的一种共性：合成词＞同类联合短语＞异类联合短语。标记的可能性从左到右相应为从小到大。等级右边成分之间的语义距离大于左边。合成词的语义距离最小，无标记；异类联合短语的语义距离最大，标记性也最强；居于二者之间的是同类联合短语。

(2) 任何语言中的联合短语都存在象似性，尤其是顺序象似。

(3) 任何语言的联合短语都包括异类短语，即由于具体语境的需要和临时变异出现的组合结构。

(4) 在联合短语的典型性方面，意义一致的典型性大于形式一致的典型性，即"意义优于形式"的典型性特征。(2004：113)

第四节　概念整合理论、词汇化、短语固化

一　概念整合理论

概念整合理论（conceptual blending theory）由 Fauconnier (1985) 提出，是研究语言运用背后的认知操作，探索意义构建和信息融合的一个理论框架。概念整合也称融合（integration）理论，主要涉及心智空间网络动态认知模型合并的运作过程 (Fauconnier, 1994)。作为认知语义学中的一种重要理论，概念整合就是把心理空间作为输入空间，对其进行认知上的操作。典型的概念整合包括四个心理空间：输入空间（1）、输入空间（2）、类属空间以及整合空间。概念整合作为潜意识的普遍认知活动，整合通常是在常规化的或凝固化的概念结构上进行的认知操作，而整合后的结构会随时间的推移慢慢固化。概念整合理论有很强的解释力。整合这一认知操作不仅受其本身的结构特征的

制约，也受制于"优化原则"（optimality princiles）（Fanconnier & Turner，2002：333）。优化原则由五条次原则组成，即融合原则（integration）、网络原则（web）、分解原则（unpacking）、结构原则（topology）和关联原则（relevance）。融合原则是指整合空间中关系结构组成一个紧密完整的单位；网络原则要求在把整合空间作为一个单位来进行认知的操作时必须保持与输入空间有适当的网络连接；分解原则要求整合空间能被分解，接纳重构输入和类属空间、跨空间映现以及和这些空间的连接网络；关联原则要求整合空间中的每个成分具有关联性。关联的目的在于可以使听者或读者试图寻求扩大整合网络中某一成分关联性的连接。这几条优化原则并非和谐运作，相互的合作和竞争总是并存着，目的是使话语意义更接近人们容易把握的程度。

沈家煊（2006：1）指出，从构词法来看，人类语言有两种方式，一种为透明的派生构词，另一种为不透明的复合构词。前者的词义容易根据词根推导，因此是透明的；后者则不然，作为整体的复合词的意义不能完全靠组成的成分推导出来，因此，这样的复合词就是"整合"（integration）。他将概念整合理论的要旨概括为"整体大于部分之和"。由整合产生的整体意义就是"浮现意义"（emergent meaning）。概念整合形成的浮现意义不是参与整合的各部分意义的简单相加，而是一种创新。词语整合的方式有两种："糅合"和"截搭"。二者的区分主要在于参与整合的两个概念之间是"相似"还是"相关"。比如，"归侨"是截搭构词，原因在于其组成成分"回归祖国"和"旅居国外的中国人"二者之间存在相关性；而"挖墙脚"中的"墙脚"一词是由"人—人体底部"和"墙—墙体底部"两者之间的象似性糅合而成的，因而是糅合词。当然，有些词是先糅合后截搭而成。

因此，概念整合作为一种认知过程，在词汇构建中发挥着基础性的作用。概念整合的主要手段是概念投射，过程的中心是整合。并列复合词的构建以及语义可以由概念整合理论得到合理的解释。以并列式名名复合词为例，概念整合的四个网络，即简单网络（simplex networks）、镜像网络（mirror networks）、单域网络（single-scope networks）和双域网络（double-scope networks），充分体现在复合词的意义构建中。并列式名名复合词中的每个名词构建包含一个框架的心理空间，整合空间中包括由输入空间选择性投射而来的元素和关系，其意义来自两个空间的成功整合。在并列式名名复合词中，两个名词均为中心词，具有相同的句法功能和语义地位，其构建只涉及镜像网络，各输入空间的框架侧重于整合空间中组织框架的不同方面。可见，概念整合理论为并列复合词以及固定、类固定并列短语的研究提供了新的理论基础。

词语整合具有层级性。张云秋、王馥芳（2003）指出，概念整合理论考察了概念整合过程的多方面条件和途径，但忽略了一个重要特征，即整合要素的单词是以义项为单位的，因此具有层级性。吴为善（2011：13）认为在本义和基本义基础上的整合是低级整合，在引申义（隐喻义或转喻义）基础上的整合是相对高级的整合。由此可见，从整合度的高低来讲，并列复合词比对应的并列短语的概念整合度高，而在并列复合词以及并列短语内部，整合度的高低也有差别。在短语内部，根据整合度的高低，可以划分为固定短语、类固定短语以及自由短语等几类。文炼（1988）指出，应该从理解的过程和使用的过程两方面把短语分为固定组合和非固定组合，并提出了"类固定短语"的概念。

概念整合理论对于鉴别并列双项式更倾向于词还是更倾向

于短语有一定的作用。词和短语的分解问题在汉语界长期以来存在争论激烈。根据概念整合理论提出的词语整合有层级性这一观点，可以依照结构的完整定型性、意义的整体性以及结构的本义和引申义来鉴别。首先，结构的完整是指不可扩展，词不可扩展，而短语可以。结构的定型性是指构成词的各语素经常作为一个整体，普遍而且大量地在交际中呈现。相比之下，短语的结构具有灵活性，一般不具有稳定性和定型性。但不可否认的是，不少自由短语也表现出组成部分词序的倾向性，有的甚至成为类固定语。其次，意义的整体性是区别词和短语的一个重要特征。词的意义不是几个语素意义的简单相加，而是几个语素义的融合，表示单一的概念。而短语则不然，多数短语的意义是构成成分意义的简单相加，尤其是自由短语。最后，并列结构的意义是本义时，整合度低，是短语。但是，当并列结构的意义是引申义时，很难区分是词还是短语，例如"风花雪月"的意义不再是字面意义，而是比喻男女之间的情爱。这一类产生引申义的固定表达介于词和短语之间，从范畴的原型观来说，属于两个范畴的边界成员。为分析之便，将其纳入其中的任何一个范畴均可。

二　词汇化

国内外语言学界对词汇化研究有较多的关注。Liberman 和 Sproat（1992：150—151）认为，词组的词化可以根据意义的形成和结构的变化分为三个阶段：第一阶段，词组获得约定俗成的意义，但保持内部语法结构，同时保留词组的特征；第二阶段，词组除保留约定俗成的意义和内部结构外，具有词的语法特征；第三阶段，词组兼有约定语义以及词汇的身份，抛弃内部结构，最后成词。Packward（2000）在此基础上针对汉语双音词汇化问题，从词内语法关系的清晰度以及词义和语素义之间关系的角度，将词汇化划分为五大类：第一，习约词化（conventional lexicalization），词类词化程度最低，内部语素的语法和语义特征仍保留，这类词与词组的界限不太清楚；第二，隐喻词化（metaphorical lexicalization），失去部分或全部原始意义，获得隐喻意义；第三，失义词化（asemantic lexicalization），内部的语法关系可能仍然保留，可以被感知，但成分与意义关联已丢失；第四，失法词化（agrammatical lexicalization），成分和词之间仍有语义关系，但不易察觉；第五，完全词化，构词成分本来意义变得模糊，语法关系无法探寻。冯胜利（1997）从韵律学的角度将词汇化过程简要描述为：短语韵律词→固化韵律词→词化韵律词。董秀芳（2011：120—134）以动词性并列式双音词为例，把词汇化划分为四个发展时期：第一，存在相应的单音同义形式，但组成成分不能换序；第二，同义的单音对应形式消失；第三，意义上发生由具体到抽象或由泛指引申到专指的变化；第四，句法功能发生了转化。

从有无外部形式标志的角度，并列短语可以分为两类：一类是意合并列短语，指不用连词连接并列项的短语，如"语言文化"、"发展变化"；另一类是形合并列短语，指使用形式标志，如连词"和"等外在标志的并列短语，如"使用并推广"、"老师和学生"。

汉语中的并列复合词最初是由并列短语演变而来的，而且只有意合并列短语才有可能发生词汇化，最终变为并列复合词，其原因在于韵律的制约（董秀芳，2011：104）。形合并列短语的音节数目多于两个，不可能构成一个韵律词。此外，意合并列短语并列项之间的语义亲近性也为词汇化奠定了基础。意合并列短语中并列项之间的意义在概念上的距离小于形合并列短语中并列项之间的概念距离，因此更容易成词。

董秀芳（2011）指出，并不是所有的意合并列短语都会发生词汇化，词汇化的发生与否还取决于并列项的语义特征，主要有以下几点：

（1）如果并列项为名词性成分，指称性越弱，越容易词汇化。

（2）如果并列项为动词性成分，两个成分都是及物性的比两个成分都是不及物性的更容易成词。

（3）两个并列项在语义上相似的并列短语比并列项在意义上相对或相反的一类更容易成词。

语言中，大多数语义较为复杂的概念如果能用词来表示，就表明该语言词汇化程度高。相反，若大多数复杂的概念必须用短语来表示，则表明该语言词汇化程度低。词汇化程度的高低可以用序列来表示：单纯词＞派生词＞合成词＞短语。从这个等级序列可以看出，单纯词和派生词有较高的词汇化程度，合成词和短语的词汇化程度较低。词汇化程度越高，就越接近"词"的原型，词汇化程度低的则介于词组和词之间。合成词和短语二者虽然有高低之别，但二者属于词汇化程度相近的两个范畴，根据之前提到的范畴的原型观，也不难解释在语言中存在大量的介于两个范畴之间的非典型成员这一现象。

三　短语固化

汉语和英语中均有不少词序固定的并列双项式，称作"成对词"或"凝固词"。汪榕培（2000：137）在谈到"成对词"这一概念时，用过"words in pairs"这一说法。英语成对词的结构模式是 $word_1$ + and + $word_2$，例如，英语中的"chop and change"（变化无常）、"kith and kin"（亲朋好友）、"over and done with"（彻底结束）等。汉语中也有类似的成对固定表达，如"左思右想"、"七上八下"、"金钱美女"、"龙飞凤舞"、"上上下下"，不少这类短语在汉语中已成为成语，收录在各类词典中。无论是在英语还是汉语中，这类固定组合有一个共同点，即意义并不是构成词意义的简单相加，而是产生了新意。例如，"上上下下"指全部、全体；"金钱美女"指不高尚的人生追求。因此，词组的成对词对应于"binomial"，两者既有联系，又有区别。成对词必须表示一个完整的概念，是固化的表达，或称"成语"或"习语"。而"binomial"则是一个更宽泛的概念，涵盖固定的成对词和类固定、半固定、自由词组等在内。可见，"binomial"和"words in pair"之间是包含与被包含的关系，"words in pair"只是"binomial"中的一种。

汉英成对词在构成成分上有共同点，主要表现在两个方面：

（1）由两个意义相关的词构成的成对词在两种语言中都比较常见。如英语中的"safe and sound"、"near and dear"，汉语中的"上吐下泻"、"七手八脚"等。

（2）由两个同义词构成的成对词在汉语和英语中都很常见。例如，英语中的"wit and wisdom"、"over and above"、"really and truly"，汉语中的"情人小蜜"、"东拉西扯"等。差异主要在于英语中由两个反义词构成的成对词较多，如"up and down"、"first and last"、"back and forth"等，而汉语中不多见，汉语一般采用有所依托式，如"左……右……"等结构。

从构成成分的结构关系来看，汉语比较单一，即采取联合型构词法，前后项之间是语法地位平等的同义、近义、反义、相关义等意义关系。而英语未必如此，如 nice and soft，前后之间是修饰和被修饰的关系，属于偏正组合。

第五节 小结

认知语言学的诞生为语言学研究提供了新的范式。认知语言学的基本观点为全面考察双项式并列短语的词序制约因素和对比其在汉语和英语中的异同提供了可能。该理论框架中的几个重要话题，即范畴的原型观、语言的象似观、概念整合理论以及与概念整合理论相联系的词汇化和短语固化，构成了本书的理论基础。

范畴的原型观能合理解释词汇、语法、句法等语言学分类以及这些术语的界限问题，同时，并列短语的典型性也为本书提供了理论基础。此外，就词序而言，邓云华（2004）提出了典型性成员位于非典型性成员之前的排序原则。标记理论对于有标记项和无标记项之间的区分与认知语言中的原型理论对于范畴成员典型性的区分有许多相似之处，功能学派的标记理论和认知语言学的范畴原型观，所用术语不同，但说明了同一条重要的排序原则，即"无标记项＞有标记项"或"典型成员＞非典型成员"。

语言的象似观对本研究也有重要而直接的贡献。涉及本研究的象似性主要包括顺序象似性和距离象似性。任何语言中的并列短语都存在象似性，尤其是顺序象似或者说时间顺序原则，在汉语中尤为明显。部分汉语并列短语遵循真实时间原则，也有不少并列短语遵循想象时间原则和推断时间原则。就距离象似性而言，距离象似性与标记性有关。由于汉语并列短语的标记性强，英语较弱，汉语并列短语的距离象似性强于英语。

概念整合理论关于词语整合具有层级性的观点有助于我们鉴别并列结构倾向于词还是倾向于短语。并列短语在词汇化和固化程度上的不同，与概念的整合层级性有关。与英语不同，汉语由于并列短语的双音化现象普遍，短语和词之间界限模糊。

第三章 研究综述

第一节 并列短语研究概况

汉英双项式并列短语的已有研究主要零散分布在并列短语或联合短语（词组）的相关研究中，其中部分涉及其并列项词序的研究。汉英双项式并列短语及其词序的对比研究除涉及并列短语这一概念外，也涉及汉语中的并列复合词及英语中的成对词。本章首先总结前人对并列短语的研究概况，接着回顾汉英固化并列短语的词序等相关研究。然后，重点列出制约双项式并列短语词序的主要因素：语义因素、语音因素和词频因素，以及语义因素六条次原则：权力、时间、重要性、显著性、积极性、递升原则。

一 研究内容、方法

汉语研究中的"并列短语"或"并列结构"这一概念最早出现在赵元任的《国语入门》（1948）中。此后，少数学者如丁声树（1952）等采用层次切分法对"并列"这一概念进行了分析，并讨论了并列短语的标记、语法功能、内部构成以及语义关系。

20 世纪 80 年代汉语语法研究的兴起促进了更加深入和细腻

的并列短语的专题化研究。新的语言学理论的出现衍生了新的研究方法，开阔了研究者的视野。不少学者开始尝试用语义分析方法研究并列短语，其中以张静（1979）和王希杰（1980）等人的研究为代表。

国外对于英语并列短语的排序问题的研究集中在不可逆的英语双项式并列短语（binomials）的成分顺序上。Malkiel（1959）最早引入 binomials 的定义：the sequence of two words pertaining to the same form-class, placed on an identical level of syntactic hierarchy, and ordinarily connected by some kind of lexical link（属于同一词类、置于同一句法层次上、通常由某种词法手段连接在一起的两个词的序列）。Malkiel 提出决定双项式并列短语的词序固定因素有六个。Cooper 和 Ross（1975）针对 Malkiel 提出的词序因素的优先模式进行了补充和修正。通过研究双项并列凝固短语，提出成分顺序排列的原则，探讨了这些原则与人类信息处理和认识过程之间的关系，并在此基础上提出英语中七条语音因素制约的排序原则。

廖秋忠（1992）在参考国外研究者对汉语和英语的词序以及汉英并列短语和成对词相关研究结论的基础上，提出了汉语并列名词短语的词序在语义和习惯上遵循重—轻原则、时间先后原则、熟悉—陌生原则等十项原则。

从认知语言学角度研究语言的学者们，如沈家煊（1993、1999）、张敏（1998）、齐沪扬（2000）等对并列短语进行了多角度的描写、分析和解释。

詹卫东（2000）、吴云芳（2004）等学者围绕"为中文信息处理所用"的目标，研究汉语并列结构形成的语言规律，对其结构规则进行了形式化的描述。前者着重研究结构歧义格式的类型分析和排歧策略，后者采用"基于约束的文法"作为并列结构描述的理论体系，形式化地描述了并列成分之间在句法和语义两个层面之间的约束关系，为并列结构的自动识别奠定了基础。

可见，在研究的具体内容方面，从早期界定并列短语的研究逐步发展到对并列短语的外在标记和内部构成、句法功能的研究，最近几年又兴起了对并列短语标记性和典型性的认知研究。

从研究方法来看，近年来，语料库语言学的兴起使得基于语料库的定量研究成为可能。储泽祥（2002）对名名并列、动动并列和形形并列等结构做各种句子成分的典型性做了统计分析。王成宇（2002）定量考察了并列型标题各并列项的信息量，认为理论上并列型标题各并列项的排序可变，实际上却不能随意变动。标题中并列项排序的改变，可能违背并列成分的排序原则以及人们对信息认识的接受模式，引起语句不通、歧义等现象的发生，从而产生交流障碍。邓云华（2007）和吴云芳（2004）都采用语料库研究并列短语。邓文选用 *Linda Lael Miller*（Rachel）的第二章，*Race, Class and Power*（Raymond W. Mack）的第三章中的部分内容等作为语料，统计了英语"名+名"并列短语的词类搭配形式；还选取部分汉语期刊如《人民文学》、《散文》、《小说选刊》、《杂文选刊》等对汉语并列短语的词类搭配形式作了统计。结果显示，名名组合的并列结构占的比例最大，是典型成员。吴文则使用了《人民日报》标注语料库分析并列短语，并进行了形式化的描述。

可见，目前对并列短语的研究日趋深入、全面，方法上也呈现出多样化的特点。

二 并列短语的词序特征

由于并列短语的内部构造跟其他类型短语相比有其特殊性，因此一般认为其组成部分的词序可以变动，变动后也不会改变短语的类型甚至意义。但不少学者也注意到，相当数量的并列短语并列项之间的词序是固定的，不能变更。王国璋（1979）认为词序变换要符合意义、习惯以及逻辑顺序三个条件。王希杰（1980）指出，分承式并列的次序变更会造成歧义。廖秋忠（1992）借鉴国外对英语并列成分排序的研究成果，对汉语中并列名词短语的排序规则做了较为深入的分析，提出并列结构的排序要遵循同类原则、重要性原则、时间先后原则、显著性原则、单一方向原则、熟悉程度原则、积极态度原则、立足点原则、对应原则、礼貌原则、由简至繁原则十一项原则。

戴浩一（1988）、吴竞存和梁伯枢（1992）等学者从认知功能角度分析了并列项遵循的原则，包括时间顺序原则、时间范围原则、意识迁移原则等。郭凤岚（2000）认为并列项的次序与交际者对语言自身的认识能力、交际环境以及对上下文语境的把握能力相关。

语音规则也影响并列结构内部的词序。蒋文钦、陈爱文（1982）在讨论并列结构固定词语的内部次序时，讨论了语音原则。周荐在《汉语词序结构论》（2005）的相关章节中分析了并列结构的两个词序特征：第一，语意上，汉语言社会中把两种或两种以上的事物、现象并举时，常在观念上把所列举的对象分为好坏、大小、重要次要、习用罕见等，在习惯上把用来指好、大、重要等一类事物或现象的词放在起首，而把相对的放在末尾。第二，语音上，并列结构内的词语，尤其是在结构内只有两个词项的情况下，当两个单字词（或两个多字词的后一字）各自的声调为一平声一仄声时，遵循先平后仄的规律，若二者同为平声或仄声，但有阴平和阳平、上声和去声之分时，以前阴、上，后阳、去的顺序为多见，例如"生死"、"科技"、"左右"、"前后"、"因果"等。当语意原则和语音原则发生矛盾时，多数情况下,语意原则要让位于语音原则;只有少数情况下,语音原则让位于语意原则。

并列结构内部词语的顺序问题,我国古人似乎很早就注意到了。周荐(2005:304)统计了在《辞海·文学分册》和游国恩等主编的《中国文学史》中作家在文学史上齐名并称的共有 47 例,其中排列次序不遵循语音原则而按照语意原则的仅有 4 例。

三 概念语义语序原则和语用语序原则

邓云华的博士学位论文《汉语联合短语的类型和共性研究》(2004)中有一节专门讨论了联合项即并列项的顺序。并列短语的组成成分地位平等,不存在修饰或限制关系。表示并列或选择关系的联合短语可以改变成分的顺序而意义不变或只有细微的变化。邓文将并列短语的词序分为两种:固定词序和非固定词序。着重探讨了固定词序的两条排序原则:概念语义语序原则和语用语序原则。概念语义语序原则是短语由自身并列各项的语义自然决定的,顺序固定,包括时间顺序原则和原型理论原则。邓云华提出的时间顺序原则参照了戴浩一分析汉语临摹理据时提出的一个重要原则,"两个句法单位的相对顺序决定于它们所表示的概念世界里的状态的时间先后"(1985:50)。这一原则被广泛用来解释汉语句子及句子内部的顺序问题,并列短语也不例外。

值得注意的是,与其他学者不同的是,邓云华认为并列短语的词序遵循原型理论原则。范畴化作为人类高级认知活动中最基本的一种,是对世界万物进行分类,形成概念的过程和能力。语言,作为一种事物,也被语言学家不断地分类,如词、句法结构、词类等概念,都是语言范畴化的结果。范畴化理论和维特根斯坦的"家族相似性"理论密切相关。"家族相似性"理论认为，家族中存在一个典型代表，即原型，原型是人们在具体类的认知过程中首先接触到的，或者是接触较多的代表。就同类事物而言，典型性特征程度高的事物排在较低的之前，同时，事物的典型因地域不同而不同。在我国北方，人们通常会说"苹果、香蕉、杧果、椰子"；而在南方，尤其是在海南等地，人们通常会说"椰子、杧果、香蕉、苹果"。不同语言对应不同的文化，汉语和英语中同类事物的典型不尽相同，因此存在词序的差异也在情理之中。

语用语序原则在邓云华论文（2004：86）中指的是认知语序在不同语言中可能存在民族的认知心理等参数差异而导致的词序不同，如轻重语序原则、空间顺序原则、显著性原则、范围大小原则等。这些原则在不同的语言中可能出现差异的情况。该文用图式的方式勾画出两大类语序及原则：

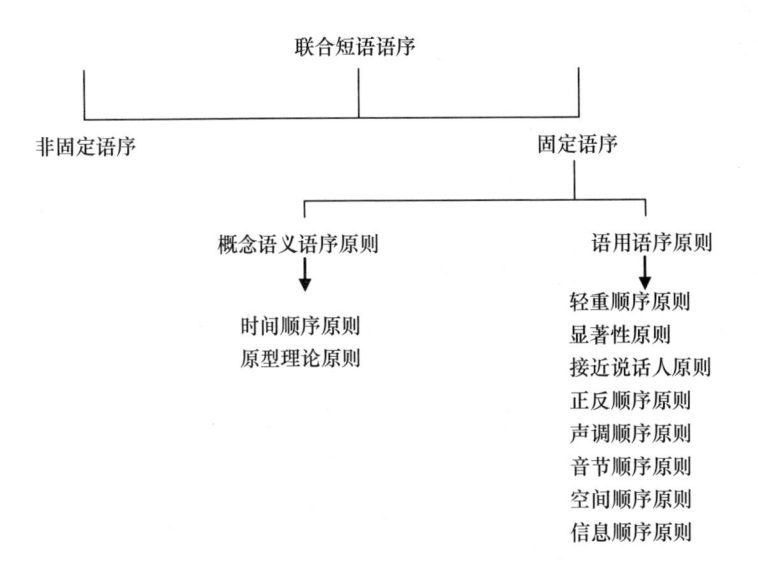

```
                  联合短语语序
        ┌─────────────┼─────────────┐
    非固定语序                    固定语序
                          ┌──────────┴──────────┐
                    概念语义语序原则          语用语序原则
                          ↓
                    时间顺序原则            轻重顺序原则
                    原型理论原则            显著性原则
                                          接近说话人原则
                                          正反顺序原则
                                          声调顺序原则
                                          音节顺序原则
                                          空间顺序原则
                                          信息顺序原则
```

四 制约并列短语词序的因素

在前人研究的基础上,徐新(2007)将制约联合短语各组成部分排序的因素归纳为两大类:偶然性制约因素和必然性制约因素。前者是指在具体语境中交际目的的不同导致不同的成分次序。具体来说,为实现不同的交际目的存在三方面的需要:交际中问语制约答语、说话者有意突出强调、具体语境中前后联合短语各项的搭配对应。必然性因素是具体语境外的因素,包括语音、语义和文化等几大类。在语音因素方面,短语各组成部分音节数目的多少影响排序,一般遵循先少后多的原则,词序还受短语各组成部分音节声调排列美感的制约,"平平仄仄"、"平上去入"是一般的规则,也是汉语节奏美的要求。语义方面的制约因素主要包括时间、空间以及逻辑上的因果和条件关系等四个方面。此外,组成部分的语义还有主次、轻重、范围大小、数量多少之分。文化方面,民族心理、思维方式和社会的约定俗成也是制约组成部分词序的重要原因。

第二节 汉英并列短语及词序对比研究

一 汉英并列短语的共性和个性

在汉英对比研究中,对并列短语的比较研究并不多见,也不够系统和深入。目前对于汉英并列结构的共性和个性方面的代表性研究成果是《语法的概念基础》(石毓智,2006)中第六章的相关论述。该章主要考察汉语和英语中表示并列关系的连词在语法性质上的异同。石毓智发现,汉英大致对应的并列连词在使用范围和语法性质上存在很大的差异,如分布不同、所连接成分的语法性质不同。汉英并列连词设立标准的不同被认为是导致这些差异的原因。

英汉并列结构的两种基本逻辑关系，即合取和析取，代表了现实世界的各种事物现象之间的两种基本逻辑关系。两种语言都通过适当的词汇手段来表达，既有相同之处，也有差别。现对与本书相关的表示合取关系的并列结构连词，即英语的"and"及汉语的"和"进行简单归纳。英语表示合取关系的连词基本上只有一个"and"。其使用的要求为：语言单位必须在语法上是平行的。可以连接词、词组或者句子。从词性上看，可以连接名词性的、动词性的、形容词性的、副词性的或者介词短语等。而汉语中的合取连词不仅要求所连接的两项在语法上平等，而且有严格的词性和语言单位层级的限制。汉语中的"和"只有英语"and"连接名词性成分的功能，不能连接动词、形容词、副词等谓词性成分。现代汉语中的谓词性并列结构的连接词是"既……又……"或"又……又……"等。但是，受英语的影响，现代汉语书面语中也有很多用"和"连接谓词性成分的语例。

以下是《编辑部的故事》中的例子，反映了"和"连接谓词性成分时通常出现在书面语以及知识分子的口语里。

（1）应该比一般的群众更加积极主动地去学习和掌握国家制定的各项法规。

（2）在座的都是热心扶持和关心帮助双双小姐的贵宾。

考虑到汉英并列结构连词在使用范围上的差异以及语料库研究的一些实际困难与问题，本书缩小了研究范围，选择汉英并列结构中的双项式并列短语作为研究话题，并只研究其合取单纯类，在一定程度上有利于语料库研究的顺利实现，也有利于深入地考察词序制约因素的表现及进行汉英对比。

二 汉英并列短语词序的异同

除研究并列结构的连词使用差异以外,也有不少学者考察了汉英并列短语的词序。汉英两种语言在并列短语的词序上也表现出一致性。同时,由于不同语言的特点以及文化思维的不同,汉英并列短语的词序也存在相异之处。比较汉英并列短语成分的排列顺序的异同历来是不少学者关注的话题。综观汉英并列短语词序的对比研究,主要包括两种倾向:一是以汉语为主线,兼顾和英语或其他语言的对比;二是以英语为主线,兼顾和汉语或其他语言的对比。

有关汉英并列短语的词序对比研究的论文、著作虽不多见,但对汉英并列短语中词序固定的一个类别即凝固词和成对词词序的比较研究者给予了一定的关注。彭在义、陈萍(1990)较早地对汉语和英语中的成对词组进行了考察。作者首先分析两种语言中成对词组的语义关系异同,然后着重分析汉语和英语词序不同的原因。他们认为,汉语和英语成对词组词序不同的主要原因在于不同民族具有不同的风俗习惯和文化传统。石羽文(1984)、彭在义(1998)等从翻译的角度列举了汉英并列结构词序异同的例子。文旭(2001)运用认知语言学拟像性考察了词序,分析了汉语和英语中一些固定的并列短语(凝固词)的词序原则异同。

王会芬的硕士学位论文《汉英并列结构语序的比较研究》(2007)较为系统地考察了汉英并列结构语序规律,得出八条一致的规律,两条不一致的规律。八条一致的规律为:显著性原则、由先至后原则、积极性原则、语义同类临近原则、语音原则(包括长度原则、并列二项的音核原因前高后低原则和开头辅音受阻前小后大原则)、熟悉程度原则、对应原则、礼貌原则。两条不一致的规律是:心理上汉语的重轻原则和英语的轻重原则、范围上汉语的大小原则和英语的小大原则。另外,汉语并列结构词序有四条特有的规律,英语有五条。汉语的四条规律包括调序规律、奇偶规律、等长邻近规律、同言邻近规律;英语的五条规律是指神权优先次原则、并列二项式音核元音前短后长规律、开头辅音数量前少后多规律、结尾辅音前多后少规律、结尾辅音受阻前大后小规律。该文最后剖析了造成词序异同的认知、语音、语境和文化方面的原因。

崔应贤(2002)在论及汉英联合式定语中的语序规则时,指出两种语言中的联合式定语,其语序规则都比较精细,牵涉的因素也比较多。语序规则有同有异。例如"such a good, excellent and loving husband"(这样体贴的、杰出的、亲爱的丈夫),"a safe, economical, smooth-riding car"(一辆安全、经济、行驶平稳的小汽车)。在这两个例子中,语序规则相同。但是,汉语中有一些语序却与英语中的情况有所不同,比如"a charming and talented girl"(一个聪明、美丽的姑娘)。另一差异表现在组合式定语和黏着式定语在汉语中有着比较明晰区分的类型,但英语中有时做了统一的处理,比如"my oldest and dearest friends"(我的一个最要好的老朋友),"the new but ugly furniture"(那难看的新家具),"a good but expensive school"(一所费用高昂的一流学校)。

此外,也有比较英汉并列结构并提出翻译策略的文章。吴阳(2003)认为,并列结构具有较为复杂的深层结构,在英汉互译时,应注意句法特征尤其是显性与隐性、形合与意合的差异。并列项词序的不同,跟语义、语音和文化思维相关,翻译时需要加以注意。

第三节　汉英固化双项式并列短语的词序

英语中复合词尤其是并列复合词的数量极少,在构词法中不占重要地位。然而，复合词在汉语构词法中占主导地位，尤其是并列式复合词在汉语词汇中占相当大的比例，词和短语的界限不明晰。从这个意义上说，对比汉英双项式并列短语，不可避免地要涉及汉语并列复合词。

一 汉语并列复合词、固定短语的顺序

周荐（2005）提出，汉语的并列结构的内部顺序一般遵循语义原则或语音原则，这两条原则同样适用于并列复合词、固定短语以及多数类固定短语。

首先，如前所述，语义上，汉语言社会的人们在把两个或以上的事物、现象并举时，常在观念上把所列举的对象进行好坏、大小、主次等区分，因此，习惯上便把指称好、大、重要一类事物、现象的词语置于并列结构之首，这与廖秋忠先生（1992）提出的重要性原则、积极态度原则等相吻合。汉语中有大量遵循这些排序原则的并列复合词。

除语义因素制约并列双音复合词的排序外，语音因素也起着非常重要的作用。声调在汉语中被认为是表义的要素，是整个音节的"神"（罗常培，1956）。声调在汉语音节中最受注意，普通话以及汉语各方言的学习，首先就是声调的学习。

周荐（1986：7）认为，并列结构内的词语，尤其是结构内只有两个词项的，当语意原则和语音原则发生矛盾时，多数情况下语意原则要让位于语音原则。并列词尤其是双音节并列式词语一般按声调的平仄排序。

周祖谟（1985）认为，并列复合词中两词的先后顺序为：除同是一个声调以外，按照平仄四声为序，平声字在前，仄声字在后，如果同是仄声，则以上去入为序，先上后去入或先去后入。声调作为汉语等东方语言的一种特征，在现代汉语普通话中

有阴平、阳平、上声、去声等四个调类。汉语双音节并列式复合词的排序通常有"阴平＋阳平"、"阴平＋上声"、"阴平＋去声"、"阳平＋上声"、"阳平＋去声"、"上声＋去声"以及同声调等多种组合顺序。

就汉语并列成分的排列顺序问题，陈爱文（1979）针对并列双音复合词提出了"调序说"，汉语中并列复合词主要按"平上去入"的声调序列排列。丁邦新（1969）将"平上去入"的排序原则解释为，如有平声字，它总用为第一成分，如有入声字，它总用为第二成分，在没有平、入声时，上声总为第一成分，体现了层级序列的排序观点，例如"平—上"："虚伪"；"平—去"："欢乐"；"上—去"："土地"；"上—入"："假定"，等等。声调和音节的奇偶对各种并列式多音节固定词语的内部词序起着重要的作用。

对于"调序"产生的原因，学界众说纷纭。丁邦新（1969）和陈爱文（1979）等认为"调序"的产生是为了发音省力。平声最省力，上、去次之，入声最费力，若省力的声音在前，费力的声音在后，就顺口省力，相反则费力。然而，有些学者认为，汉语选择调序为并列复合词的主要词序是因为声调在汉语音系中有着重要的地位、受关注程度、频率、典型性以及节奏等联合作用所致（马清华，2009：70）。"发音省力说"是片面的观点。

安华林（2001）通过对没有强制性的语意原则来控制语序的"骈列型"四字语的声调分布情况进行的统计分析发现，这类四字格的内部语序受到汉语声调抑扬律的制约，排序遵循的规律是：最优的总体声调顺序是平起仄收，而且四音节最好做到平仄相间。周欣在其硕士学位论文《现代汉语并列 N 项式研究》（2006）中，通过对 273 个并列 N 项式的声调分布情况的调查研究，发现排序符合安华林提出的"平起仄收律"。

二 英语并列成对词的词序

国外和国内有不少关于英语并列成对词方面的论著,其中,国内学者们的研究还涉及了汉英成对词以及词序的对比。国外有代表性的成果包括 Abraham（1950）、Malkiel（1959）、Allan（1987）、Benor 和 Levy（2006）等人的研究（详见下文）。国内汪榕培、顾雅云（1998）以及曹炜（2004）等人的研究比较全面和深入。对于英语并列成对词以及汉英并列成对词的差异,目前的研究基本上形成以下几个比较一致的观点：

（1）作为并列双项式短语中的一类,英语中由 and 连接起来的成对词是固定词组,相当于成语,如"odds and ends"（零星）、"black and white"（黑白）、"good and evil"（善恶）、"friend and foe"（敌我）、"weal and woe"（祸福）等。

（2）从修辞上看,由 and 连接的英语成对词是对称结构,在形式上平衡,韵律节奏明快,有押头韵、押尾韵的特点。押头韵的英语成对词读起来富有节奏感,如"black and blue"、"safe and sound"、"time and tide"、"chop and change"等。押尾韵的成对词常见于英语报刊文章、小说、诗歌中,也有很强的节奏感,如"toil and moil"、"fair and square"、"wear and tear"、"near and dear"等。

（3）从结构和语义方面来看,英语中的这类词语相似于汉语中的表示对立、反义、近义等含义的并列复合词。英语中不乏由两个词义重叠组成的成对词,如"tender and delicate"、"odds and ends"、"clean and tidy"、"piece and quiet"等。并列两项词义相关的成对词也不在少数,如"heart and soul"、"down and out"、"bread and butter"、"skin and bone(s)"等。词义相反的两项在英语中也常结合在一起,成为固定词组,如"life and death"、"back and forth"、"here and there"、"ups and downs"等。此外，两个相同的词也可以组成成对词，多用 and 以外的 to、after 等词连接，如"back to back"、"face to face"、"year after year"、"neck and neck"等。

（4）英语成对词和汉语并列复合词的共同点主要表现在构成并列结构的两个语素的意义关系相似以及词序的固定和不可颠倒这两个方面。除少部分成对词组表示组成部分意义的简单相加外，更多的是失去两词的原义而获得一个整合的新义或比喻义，或两种情况都有。例如，"black and white"可作为一般的自由词组，表示黑色和白色两种颜色，但也可以表示"书面形式的东西"这一意义，即"白纸黑字的字据"，此外，也可以表示"黑白相间"，如"a black-and-white TV set"（黑白电视机）等。

因此，在英语中是并列短语的结构在汉语中可能成为复合词。并列复合词和短语成为两个不同但有联系的范畴。根据范畴的原型观以及词汇化的相关研究，汉语中的并列复合词和并列短语是相邻的两个范畴，两个范畴之间边界的模糊性决定了其中一个范畴的研究离不开对另一个范畴的分析。

第四节　并列短语的词序制约因素及汉英对比研究

并列短语的并列成分的排列顺序问题一般被纳入并列短语的相关研究中。就汉语而言，国内有不少学者进行了探讨。

语义、语音以及认知和文化等方面的因素都会影响汉语并列短语的词序。廖秋忠（1992）的十条常见的现代汉语名词性并列结构的排序原则就是基于这几个方面的制约因素提出的。

a. 重要性原则：地位的高低，主要的相对于次要的，基础/

参照点相对于派生物或依靠者/被参照点，价值/评价的高低，数量的多少。

b. 时间先后原则；事件发生的先后，参与事件的先后，人、物、事件出现的先后，到达地点的先后，约定俗成的序列或顺序。

c. 熟悉程度原则：客观事物熟悉程度，旧信息先于新信息。

d. 显著性原则：大或粗＞小或细，整体＞局部，包含＞被包含，明显＞隐晦，近＞远，中心＞外围，上＞下，纵＞横，动物＞静物，典型＞非典型。

e. 积极态度原则。

f. 立足点原则。

g. 单一方向原则。

h. 同类原则。

i. 对应原则。

j. 其他原则：礼貌原则，由简至繁的罗列原则。

此外，廖秋忠还详述了语境在并列成分排序中的作用以及排序原则之间的相互作用。

关于英语并列成分的排列顺序问题，以对不可逆的并列双项式的排序研究为主，早期 Malkiel（1959）的研究提出了制约词序的六个因素。后来 Cooper 和 Ross（1975）分析和考察了不可逆并列双项式的排序原则如何受制于人类的信息处理和认识过程。Cooper 和 Ross 还首次提出了七条语音方面的排序原则。制约英语中成对词的词序因素主要包括语义和语音两大方面。Allan（1987）通过考察英语句子中名词性成分与并列名词性成分的排列顺序，提出了七个决定名词性成分排序的层级。制约词序因素的制约力强弱依次为：熟悉性层级＞话题—评论、旧—新信息层级＞普遍的排列规约＞有定性和指称性层级＞人物、社会地位及角色层级＞占优势的描写词语的层级＞形式层级。层级反映的是信息量的轻重，信息量越轻的越容易在认知上被提取，从而占据靠前的位置。这种层级和廖秋忠（1992）提出的并列名词性成分的排序原则在许多方面相似。比如，Allan（1987）提出的"普遍规约"这一层级包括"第一、第二……最后"，"开始、中间、结尾"这样的序列，这一规约与时间顺序原则中的约定俗成原则是相吻合的。"占优势的描写词语的层级"实质上就是指"正＞负"、"价值高＞价值低"、"主动＞被动"、"人物＞背景"、"重＞轻"、"大＞小"、"高＞矮"、"热＞冷"、"基础＞依靠"等无标记项先于有标记项原则中的诸多次原则（详见下文）。

汉语和英语双项式并列短语的成分顺序的制约因素可以概括为语义、语音以及认知和文化等方面。在廖秋忠的研究以及国内外其他学者对于包括汉语并列复合词和英语成对词在内的并列结构词序的相关研究基础上，本书将汉英双项式并列短语的词序因素分为语义、语音、词频等几方面进行总结，并对语义、语音因素提出数条次原则。

一 语义因素

（一）权力原则

"权力原则"制约词序是指在现实世界和认知世界中更有权、更强大的以及在社会中更重要和核心的成分排在首位，也是Malkiel（1959：145）、Cooper和Ross（1975：67）提出的"我第一"原则（"me-first" principle）中的部分内容。"我第一"原则可以很好地解释结构中第一个成分常是范畴原型。根据"我第一"原则，"我"作为典型的说话人，具有正在此时此地、成人、男性、年长等特点。在人类世界中，人以自我为中心，认为自己是万物的尺度，总以自身的标准来审视世界。除具有人先于物、长先于幼、男先于女等自我意识外，说话人"我"的典型特征还包括积极、肯定的、有生命、施力、活着的、友好的和爱国的。

不少英语和汉语并列短语的排序都依据该原则。经典的例子如"men and women"（男人和女人）、"mother and child"（母亲和孩子），汉语和英语的排序呈现出一致性。更多的例子如"有生命先于无生命"："man and machine"、"人与机器"、"人类与科技"；"人类先于动物"："man or beast"、"人和兽"；"阳性先于阴性"："king and queen"、"husband and wife"（夫妇）；"成年先于未成年"："man and boy"、"women and children"、"father and son"（父子）。

（二）时间顺序原则（象似原则）

语言是现实的编码体系，受客观现实规则的制约和人类认知顺序的作用。并列短语在其合成的过程中，并列项的顺序自然而然会受到事件的先后顺序、空间顺序以及心理顺序等方面的影响。认知语言学认为，跟空间顺序一样，时间顺序也是人类认知机制中最重要和最根本的一种观念，是任何事物、现象发生、发展所必需的。在现实世界和人类的认知世界里，两个相互联系的事物之间最首要的关系就是二者在发生时间上的先后关系。对并列结构的词序而言，并列项所代表的事物的时间先后尤其重要。因此，戴浩一（1985）在谈到时间顺序原则时指出，词语之间的排列顺序取决于它们所代表的事物在时间领域发生的先后顺序。人类将实际的时间顺序与感知到的时间顺序直接映照到语言描述的线性顺序中，将词序与时序保持一致，这就是"时间顺序原则"。此外，汉语能在真实的时间里创造想象的顺序。谢信一（1991）将戴浩一的时间顺序原则发展成三种：真实时间顺序原则、想象时间顺序原则和推断时间顺序原则。因此，综合来看，时间顺序原则主要包括三个方面：时间的由先到后（时间词）；事件的由先到后（包括出生年代先后的人物、先后出现的事物和现象，等等）；动作行为的由先到后以及事理的由先到后（主要指因果关系、条件关系以及参照与被参照关系，等等）。

前文提到的顺序象似性，主要涉及的也是时间顺序原则。这两种顺序是客观存在的自然顺序。例如：

（3）我*周一*和*周三*有课。

（4）我在四川*出生长大*。

例（3）中的并列短语的并列项排序与客观世界事物存在的先后顺序相吻合；例（4）中，并列项的顺序对应于事情发生的先后顺序。

汉语中有不少按时间先后顺序原则构成的并列双音复合词，如"古今"、"先后"、"前后"、"旦夕"、"早晚"、"朝夕"、"晨昏"等。这些并列词内部的组构顺序都遵循时间的一维性，按照从前到后的顺序排列。汉语中还有不少遵循时间先后顺序的短语，如"春夏秋冬"、"年月日时"、"梁唐晋汉周"、"夏商周"、"早中晚"等。也有不少遵循时间顺序的并列多项式，如"远古、中古、近古"，"昨天、今天、明天"，"过去、现在、将来"等。汉语中很多并列式成语遵守时间原则，如"前赴后继"、"古往今来"、"承上启下"、"朝三暮四"、"承前启后"等。英语中也不乏遵循时间顺序的例子，如"from dawn to dust"、"from morning to evening"、"sooner or later"等。如果说"from…to…"等类似结构带来方向性而使位置固定的话，由"and"、"or"等没有方向性的连接词连接的并列短语中，也有不少表达时间概念，其成分的词序也遵照时间顺序的先后原则排列，如"ancient and modern"、"first and last"、"spring and summer"、"present and future"等。

并列短语并列项的所指在现实和认知中存在时间先后之别时，一般来说，该并列短语有可能按照实际或理论上的时间先后顺序来排列。例如，汉语中的"生老病死"，是按出生、衰老、患病、死亡这一人类要经历的事情先后顺序来排列的。衰老、患病是在出生之后发生的，而死亡则是生命的终点。英语中的"born and bred"、"wear and tear"、"cut and paste"、"write and edit"等，也是按照出现的时间先后排序。"秦皇汉武"、"唐宗宋祖"、"起点和终点"等是按事件发生的先后顺序或人物出现的先后顺序排列的。汉语中体现该原则的并列复合词或并列短语比比皆是，如"始终"、"开关"、"调运"、"调查研究"、"辞旧迎新"、"继承发扬"、"发展壮大"等。

事物之间存在着各种内在的、有机的逻辑联系。这种逻辑联系反映在时间上就是一种先后关系。事物之间的逻辑关系有三个方面：参照与被参照的关系，因果关系，条件关系。时间顺序原则有时也体现为一种先有参照物后有被参照物的先后关系、先因后果的因果关系和先条件后结果的条件关系。这三种逻辑关系的排列实质上也属于时间顺序原则。就参照与被参照关系而言，如"他和他的作品"，前者是基础，是参照点，而后者是衍生物，是被参照物。表示条件关系的，汉语中有"站得高、看得远"、"发展经济、保障供给"等。在人类的认知世界中，原因在前，结果在后，体现在并列短语中就是先因后果的排序原则。英语中不少并列双项式也遵循因果逻辑顺序，如"trial and error"、"near and dear"、"slow and steady"、"causes and effects"等。

（三）显著性原则

显著性原则是指并列项中显著程度高的通常放在显著程度低的之前。"显著性"（saliency）是心理学上的一个术语，指的是某一刺激物或某一方面的突出性或醒目性（王甦、汪安圣，

2006)。显著性包括视觉上的显著和认知上的典型两个方面。典型是指某一认知范畴内或认知领域内的核心成员或基本层次范畴。显著性是从视觉的角度出发的,而人们的认知过程与视觉上的显著性有共通之处。在同一范畴或事物内,某一范畴成员或事物的某一方面因具有典型性特征而成为该范畴的核心成员或事物的主要方面。原型在范畴内具备突出性和醒目性,也是首先被想到和提到的对象。因此,一般来说,数量上大的、重要的、较紧急的、较熟悉的、基本的事物或现象具有显著性,因此容易被放在并列结构的首要位置。

廖秋忠(1992)指出,显著性原则包括十个次原则,即"大或粗＞大或细"、"整体＞局部"、"包含＞被包含"、"明显＞隐晦"、"近＞远"、"中心＞外围"、"上＞下"、"纵＞横"、"动物＞静物"、"典型＞非典型"。如"上下"、"上上下下"、"天地"、"新旧"、"大小"、"前后"、"中国和美国"等并列词语。在表达空间关系的并列结构中,以汉语的并列双音复合词为例,有"上下"、"高低"、"前后"、"东西"、"左右"、"高下"、"表里"等。此外,人类中心论认为,人们总是将自我看成宇宙的中心,以自身作为参照点,因而拟构出"上下"、"前后"、"左右"、"高低"、"中心与边缘"种种概念。人类对空间关系的认知顺序映射到语言上就表现为词序。Lyons 提出的"自我中心"原则(egocentric principle),与 Cooper 和 Ross 的"我第一"原则相类似。Leech(1983:37)也说道:"人们用语言来划分事物类别的方式,有时显然是以人为中心的。"

根据标记理论,无标记项置于有标记项之前。这一原则是 Cooper 和 Ross 提出的"我第一"原则延伸出来的内容。Benor 和 Levy(2006:238)运用标记性的分类,将该原则作为一条独立的原则列出,包括"有生命先于无生命"、"肯定先于否定"、

"近先于远"等。在汉语的并列短语中，表示无标记的事物或现象的并列项通常放在有标记的并列项之前，具体表现为以下几个方面：规模、幅度方面：大>小；空间方面：上>下、高>低、前>后、纵>横、近>远、整体>部分；作用：重要>次要、主>次、主体>附属；立足点：自身>他人；感觉：具体>抽象、简单>复杂；语义：重>轻。

如前所述，无标记项和有标记项之间的区分体现为程度上的强弱、频率上的高低以及数量上的多寡。无标记项在认知上具有认知上的典型性或（和）视觉上的显著性，因而易于识别和处理。对有标记项的认识和处理需要更多的时间、精力和注意力。语言的经济性原则决定了在一般情况下无标记项置于有标记项之前。有标记项先于无标记项原则主要体现在以下几个方面。规模、幅度方面有"国家"、"大小"、"粗细"、"长短"、"宏观和微观"、"集体和个人"，等等；体现"上>下"原则的有"上下"、"首尾"、"眉目"、"手脚"、"天地"、"山水"、"天上人间"，等等；依照"高>低"排序的有"高低"、"高矮"、"高山流水"、"山川河流"，等等；按照"前>后"、"纵>横"排序的有"前后"、"纵横"、"前线后方"、"一前一后"、"经纬"，等等；时间和空间上的"近>远"："这和那"、"我方和对方"、"里外"、"今后"、"早晚"，等等；"整体>部分"的并列复合词或短语："分秒"、"年月"、"时刻"、"场馆"、"市镇"、"尺寸"，等等；按重要程度的"主>次"排序的有"主次"、"主从"、"主仆"、"命脉"、"血汗"、"饭菜"、"食物和饮料"、"皮毛"、"服饰"、"针线"，等等；按"自身>他人"排序的有"中美"、"中欧"，等等；按"具体>抽象"排序的有"心意"、"物质和精神"、"生理和心理"、"体力和脑力"，等等；按意义的"重>轻"排序的有"死伤"、"错漏"、"法规"、"救死扶伤",等等。

综合以往研究的主要观点,如 Cooper 和 Ross（1975：67）、Benor 和 Levy（2006：238）等的相关研究,无标记项先于有标记项原则相当于汉语中廖秋忠（1992）提到的显著性原则。

（四）重要性原则

重要性原则是应用最广泛的原则。越重要的事物越容易出现在并列短语的首项位置。重要与次要主要体现在地位的高与低、主要与次要、基础/参照点与派生物/被参照点、价值/评价的高与低、数量的多与少等几个方面。例如：

（5）尊敬的祖马副总统,各位部长先生、各位使节,中国和南非工商界的朋友们……（新华社 2004 年新闻稿）

（6）据悉,龚来发一生务农,不喝酒,不抽烟,每天只吃两餐,每餐一小碗大米和玉米做的混合饭。（《人民日报》1995 年）

（7）一个人饿了,就要吃东西,总不能靠精神填饱肚子。唯心主义颠倒了物质和精神的关系,认为精神是第一性的,所以马克思说唯心主义是头朝下、脚朝上。（《中国儿童百科全书》）

（8）农村支部班子的建设收到良好效果,全县 300 个农村支部,优秀、先进、合格支部有 292 个,后进班子由 23 个减少到 8 个。（《人民日报》1994 年）

（9）台湾红十字组织通过中国红十字会向灾区捐赠的 *1600 吨大米、10000 套卫生衣裤、4000 床棉被和 20 种治病药品* 正运往灾区。（《人民日报》1994 年）

以上的五个例子体现了重要性原则对并列结构词序的影响。例（5）中"祖马副总统,各位部长先生、各位使节,中国和南非工商界的朋友们"几项并列的先后顺序对应的是地位的从高到低,也显示对对方的尊重程度；例（6）中"大米和玉米"的先后顺序体现了主要与次要之分；例（7）中"物质和精神"是基础物先于派生物原则的体现，物质是第一性的，是基础，而精神是第二性的，由物质派生而来；例（8）中"优秀、先进、合格"的顺序是按评价的由高到低排列的；例（9）中"10000、4000、20"的顺序符合数量上的由多到少的原则。同时，重要性原则之内的各次原则之间有时相互兼容，如评价的高与低和数量的多与少原则刚好吻合，例如：

（10）他们在接受兰州军区 102 个项目的检验性考核中，取得了 88 个优秀、13 个良好、1 个及格的过硬成绩，被总部评为"军事训练先进师"。（《人民日报》1993 年）

但在一些情形下，次原则之间相互冲突。比如，当并列项中既涉及主次又涉及数量多少时，排序上可能会有矛盾。一般情况下，排序遵循主要和次要原则而忽略数量多少原则。例如：

（11）除肉外，唐山市的非农业人口还可凭购粮本买到每人 2.5 公斤的低价大米、7.5 公斤的低价特制面粉和 1 公斤的低价纯花生油。（《1994 年报刊精选》）

上例中，并列结构的排序并未按照数量的多少，而是按主要 > 次要原则，大米最前，面粉居中，花生油居末，体现了从最主要到最次要的序列。

英语中也有不少体现重要性原则的并列词组，如"facts and statistics"、"health and wealth"、"primary and secondary"、"principal and subordinate"、"here and now"，等等。

（五）积极性原则

积极性原则是指当并列结构由意义上表示"好/积极"和"坏/消极"的概念构成时，通常倾向于把表示好的、积极的、占优势的并列项放在表示坏的、消极的、占劣势的并列项之前。积极性原则具体包括肯定 > 否定，正面 > 负面，高 > 低，好 >

坏。汉语中不乏遵循积极性原则的例子,常见的并列短语或并列词有"好坏"、"对错"、"是非"、"是否"、"真假"、"胜负"、"雅俗"、"盛衰"、"盈亏"、"奖惩"、"正邪"、"贵贱"、"吉凶"、"甘苦"、"任免"、"明暗"、"快慢"、"正反"、"顺逆"、"积极和消极"、"主动与被动"、"给予和索取"、"慈爱与悲哀"、"爱和恨"、"经验和教训"、"优点和缺点"、"正面和负面",等等。

(六)语义的升降原则

语义的升降原则包括语义的递升原则和递降原则两种。递升原则指的是数量的由少到多、语义的由轻到重、程度的由浅到深的排序规律;递减原则指的是数量的由多到少、语义的由重到轻、程度的由深到浅的递减排序规律。在汉语中,以递升原则较为常见。

数量的由少到多符合事物变化的规律,跟人类认识的规律即由简单到复杂相一致,"成百上千"、"成千上万"很好地体现了该规律。例如:

(12)令我惊叹的是,墙脚的茶花真是*百子千孙*,那小火炬、小红灯多得好像天上的星星,数也数不清。(《人民日报》1995年7月)

当然,语言的习惯以及具体语境中表达的需要,有时要求遵循递减原则排序。已经形成习惯顺序的并列表达,例如"千疮百孔"、"万紫千红"等,就是按照递减原则组织的。在汉语句子中,也能找到数量上按递减原则排列的并列结构。

(13)机长压了压操纵杆,飞机迅速下降,*二千,一千五,一千……五百米*,巍峨的山影从机身旁掠过,好危险哪!这是一场勇敢加技术的搏斗!(《为了六十一个阶级兄弟》,《人民文学》1960年4月)

语义由轻到重的递升规律在并列结构中也很常见。语义的逐层推进，语势的不断加强，在汉语的排比句中尤为明显。

（14）一个人能力有大小，但只要有这点精神，就是一个高尚的人，一个纯粹的人，一个有道德的人，一个脱离了低级趣味的人，一个有利于人民的人。（毛泽东《纪念白求恩》）

例（14）中，"高尚"、"纯粹"、"有道德"、"脱离了低级趣味"以及"有利于人民"这些对白求恩的赞美之词在语义上由轻到重，语势一步步加强，突出了白求恩的无私和伟大。

程度由浅到深原则是指并列项在概念意义上有程度之别时，较浅的放在较深的之前，排序随概念深度的增加而靠后。这一原则反映的是语义由轻到重、程度由浅到深的递升规律。高琴（2004：6）认为对这一原则的理解包括三个方面：客观事物发展的程度深浅、对客观事物认识的程度深浅以及人主观情感发展的程度。如"发展与加强"、"了解和合作"、"鼓励与支持"等。程度由浅到深的排序原则在句子中体现得更加明显，并以多项式的并列居多，例如：

（15）建交后，两国的友好交往和互利合作不断得到发展和加强。（《人民日报》1994年第二季度）

（16）他的此次访问又将是一次发展、加强和推进两国关系的机会。（《人民日报》1993年9月）

（17）今日，我怀着万分崇敬的心情，瞻仰了这座巍峨、雄伟、庄严的纪念碑。（周舫《人民英雄永垂不朽》）

例（15）和例（16）中的并列结构的并列项先后顺序反映了客观事物发展程度不断加深的过程。例（17）揭示了人认识客观事物的过程是先及表面特征，后到内在本质。

此外，主观情感的发展和情绪的变化也不断发展，这一过程也可由并列项顺序的先后来体现，如"兴奋与震撼"、"愤恨与期待"等。在具体的语句中，尤为明显，例如：

（18）这就是段莉娜身上具备的高瞻远瞩的政治敏感性，以及对康伟业恨铁不成钢的*埋怨和鄙视*。（池莉《来来往往》）

（19）他的脸上虽然还是全无表情，眼睛里却充满一种垂死野兽面对猎人的*愤怒和悲伤*。（古龙《英雄无泪》）

例（18）中并列短语"埋怨和鄙视"顺序反映了段莉娜对康伟业情绪的发展过程。例（19）中并列短语"愤怒和悲伤"中并列项的先后顺序是主人公由满腔愤怒的情绪发展到悲伤痛苦的写照。

（七）熟悉程度原则

从语言处理的角度来说，熟悉程度与记忆中提取的难易程度相对应，熟知的事物或旧信息比较容易提取。熟悉程度原则包含客观事物熟悉程度原则以及旧信息先于新信息两条次原则。前者主要跟认知以及文化相关，后者由语境造成。客观事物的熟悉度的高低跟事物的典型性有关。例如：

（20）农业部门广泛开展了优良品种的选育和引种为主的科研工作，先后引进了*苹果、葡萄、杏、山楂、樱桃*为主的新品种30多个。（《1994年报刊精选》）。

熟悉程度原则的第二条次原则是关于信息顺序的原则。汉英两种语言及其他不少语言的一个共同点是信息流倾向于从旧到新。这一特点符合认知上的易处理原则。信息从旧到新是信息流的一种自然流向。新旧信息的划分跟语境相关。说话者和听话者共知的信息以及语境中上文已经提供的已知信息为旧信息，而与此相对的未知信息则为新信息。例如：

（21）你长得是那么样的好……可是，*美丽的容貌、聪慧的性灵、温柔的态度*并不能给女人带来幸福。（邓云华博士论文《汉语联合短语的类型和共性研究》例句）

在该句的并列结构中,由于在上文出现了"你长得是那么样的好"这样的同义表达,"美丽的容貌"成为已知信息,放在并列结构的首位。

此外,很多情况下,即使上文并未出现相关信息,但在说话人和听话人心目中是共识的,也一般置前,如"他和玛丽去超市买东西","他"是彼此共知的某个人,"玛丽"相对陌生。

仅仅从名词性并列短语来说,熟悉程度由低到高原则就是从有定到无定的顺序原则。有定和无定是用来表示名词性词语在句子里的指称性质的两个术语。有定是指名词性词语所指称的是语境中的特定事物,是言语双方共知的事物,即旧信息;无定是指名词性词语所指称的是语境中不能确定的事物,是未知的,即新信息。陈平(1987)按照"有定、无定"程度的强弱将汉语名词性词语划分为以下等级:人称代词>专有名词>"这/那"+(量词)+名词>光杆普通名词>数词+(量词)+名词>"一"+(量词)+名词>量词+名词。在这一等级排序中,前三种名词属于强式,是典型和极端的定指成分;中间两种则为中性形式,既可充当有定成分,也可充当无定成分;最后两组是强式、典型和极端的不定指成分。当然,这种划分只是静态的,在实际运用中,无定和有定在动态的句子中可以相互转化。有定和无定的强和弱只是相对的,熟悉程度的高和低也是如此。

(八)语义同类临近原则

语义同类临近原则是指将事物按照属性相同的归类,将同类事物并排在一起(廖秋忠,1992:222)。崔应贤(2004:228)也认为内部结构比较复杂的联合短语需要考虑层次上的明晰安排。比如,在"饼干、馒头、梨子、苹果"并列结构中,前两项属食品,后两项是水果,因此在排序上遵循语义同类原则。该原则主要应用于三项及三项以上的并列。由于不是本书讨论的重点，在此不详述。

权力原则、时间顺序原则、显著性原则、重要性原则、积极性原则、递升原则以及熟悉程度原则主要体现了语义因素。当并列项存在语义量级差别时，通常按照这些原则来排序。这些原则不仅体现在汉语和英语的并列短语中，在汉语的并列复合词和汉英从句以及句群等各级并列结构中也有体现。

二 语音制约因素

汉语作为声调语言，声调顺序原则是其特有的现象。汉语中，并列结构的声调顺序原则指的是在没有别的因素和词序原则的干扰下，往往倾向于先平后仄、先上后去的顺序排列。仄声和去声语气强于平声，阳平和音平较弱。但由于汉语并列结构的构成比较复杂，汉语的声调顺序原则只有在对称的并列结构中才能起作用，例如四字格等固定短语、类固定短语和并列复合词（详见上文）。

并列成分音节数量的多少在一定程度上对词序施加影响，音节数量少的并列项位于数量多的之前，以避免头重脚轻。例如，"痛苦、难以自拔的境地"、"尴尬、无地自容的玩笑"等。

此外，音节数量不等的并列项组成双项式时，通常按照音节的前偶后奇的顺序来排列，如"机枪和手榴弹"、"蜡烛和香"等。

语音因素也制约英语并列双项式的词序。在英语并列结构的词序中，语音是重要的制约因素。英语并列结构的语音制约因素包括音律和音系制约两大方面。前者包括音节数量、避免出现连续不断弱音节原则以及避免末尾重音原则等三条次原则；后者则包括舌位的高低和前后、首辅音和尾辅音的数量、音节的开口度和重量、首音以及尾音的亮度等各方面的影响。Cooper 和 Ross

(1975) 总结了七条英语并列结构排序的语音规律。英语语音规则要求并列双项式在排序时一般要遵循高元音先于前元音、短元音先于长元音、前元音先于后元音、展元音先于圆唇元音、词首辅音少的先于辅音多的、音节少的词先于音节多的词等诸多原则。Benor 和 Levy（2006）在 Cooper 和 Ross（1975）的研究基础上做了进一步的探讨。Mollin（2012）概括和总结了制约并列双项式词序的语音因素。本书综合他们的观点，主要借鉴 Mollin 的分类标准，将英语并列结构的语音因素分为音律和音系两大方面。

（一）音律制约方面的原则（metrical constraints）

1. 音节数量前少后多原则

在英语并列结构中，一般并列项音节数量少的放在音节数量多的之前。在并列多项式中，数量的多少主要体现为单词的多少；并列双项式中，音节数量前少后多原则指的是前后项按照音节数量前少后多的顺序排列，如"assets and liabilities"、"past and present"、"boots and saddles"、"dim and distant"、"bow and arrow"、"hot and heavy"、"bear and forbear"、"bag and baggage"、"fur and feather"、"rules and regulations"、"each and every"等。音节数量的前少后多原则体现了以尾重为特色的英语的要求。

2. 避免出现连续不断弱音节原则

这一原则是指在并列双项式中，前后两项的排列要求出现最小数量的连续非重读音节。Jespersen（1905：233）认为，双音节词往往位于单音节词之后这一现象是为了保持韵律。英语中符合该原则的有"part and parcel"、"strengths and weaknesses"、"economic and monetary"等。

3. 避免末尾重音原则

这一原则首先由 Bolinger（1962）提出，指的是并列双项式中并列后项要避免出现末尾重音，如"time and energy"、"gas and electricity"、"intents and purposes"等。

(二) 音系制约方面的原则 (phonological constraints)

1. 音核元音前短后长原则

音核元音的长度也是影响并列双项式顺序的因素。一般来说，前项的音核元音长度比后项的短。Cooper 和 Ross (1975：71) 认为这条原则是除音节数量多少外最重要的语音制约原则。Benor 和 Levy (2006：244) 指出，受英语尾重特点的影响，后项的元音一般较前项的长。如"rank and file"、"fisheries and food"、"books and articles"、"fire and water"、"bed and board"、"back and forth"、"pick and choose"、"stress and strain"、"knife and fork"等。

2. 前元音先于后元音原则

并列双项式中后项的重读音节的元音发音部位较前项的靠后。这一原则因容易与后文提到的音节开口度相混淆而有争议。

3. 音核元音前高后低原则

英语并列两项式的词序一般按照音核元音舌位前高后低的规律进行排列。如"horse and cart"、"hip and thigh"、"deaf and dumb"、"odds and ends"、"dribs and drabs"等。

4. 开头辅音数前少后多原则

英语并列双项式中开头辅音数量少的并列项一般在前，而数量多的在后。如"words and phrases"、"coal and steel"、"ups and downs"、"fair and square"、"curse and swear"等。

5. 结尾辅音数前少后多原则

结尾辅音或发辅音数量的多少也在一定程度上影响并列双项式的词序。但是否将之当作排序原则，学界尚有争议。Cooper 和 Ross (1975：71) 认为并列双项式中结尾辅音或发辅音数量多的并列项位于少的之前,如"wax and wane"、"black and blue"、"design and development"、"policy and resources"、"for and against"等。而 Benor 和 Levy（2006：248）以 Pinker 和 Birdsong（1979）的实验结果为依据,提出了相反的观点,认为并列结构中存在后项的辅音数量少于前项的规律,这也符合英语尾重的特点,如"deaf and dumb"、"ups and downs"等。

6. 音节开口度前开后闭原则

并列双项式中两项存在主要重音开口度大小不同时,遵循前开后闭的排序原则。这一原则首先由 Benor 和 Levy（2006：248）提出。符合这一原则的英语并列短语有"profit and loss"、"beginning and end"、"day and age"等。

7. 音节重量前轻后重原则

并列双项式中后项的主重音要强于前项的主重音,这一点在 Benor 和 levy（2006：249）的研究中被单独作为一条原则提出。一般来说,非重音由短元音构成,但它也可由没有音尾的长元音构成。英语并列双项式遵循音节重量前轻后重原则的例子有"May and June"、"City and Guilds"、"before and after"等。

8. 首音响亮度前强后弱原则

该制约因素要求并列双项式中尾项的开头音在亮度上弱于首项的开头音。英语中根据发音时声带的震动与否将辅音分成浊音和清音两大类。而塞音、擦音（爆破音、闭塞音）等则是根据发音方法来分出的。Parker（2003）列出了音的亮度等级：元音＞/h/＞/j,w/＞/r/＞/l/＞鼻音＞浊摩擦音＞清摩擦音＞浊塞音（即双唇爆破音）和浊破擦音（/b/、/d/、/g/）＞清塞音（/p/、/t/、/k/）和清破擦音。如"here and there"、"bits and pieces"、"fish and chips"等。英语并列双项式中开头辅音受阻小的成分通常位于开头辅音受阻大的成分之前,这也符合发音省力说的观点，如"wheel and deal"、"toil and moil"、"hustle and bustle"等。

9. 尾音响亮度前弱后强原则

这一原则由 Cooper 和 Ross（1975：71）提出。该词序原则要求并列双项式中前项的尾音响亮度弱于后项。如"well and truly"、"rich and famous"、"as and when"等。就尾音为辅音而言，结尾辅音受阻一般是前大后小，响亮度前弱后强。而一些英语并列双项式中结尾受阻大的并列项通常位于受阻小的之前，即尾音响亮度前强后弱，如"might and main"、"safe and sane"、"kith and kin"、"push and pull"、"rock and roll"等。

三 词频制约因素

词语的使用频率也被认为是影响双项式并列短语词序的因素之一。Fenk（1989）认为，并列项单个词的首项的使用频率要高于尾项的使用频率。他提出除象似性外，其余词序制约因素都可以从词频得到解释。高频项先于低频项是一种潜在的偏好。英语中典型的有"time and effort"、"up and down"、"small and medium-sized"等。Nick C. Ellis（2002：143）从语言习得的角度专门探讨了语言处理中频率的影响，提出频率对语言的加工和处理影响巨大，其影响的范围包括语音、固化语、语言理解、语言的合乎语法性、造句以及句法等。高频的语言总是最先被提取，因此可能成为并列双项式中的首项。Mollin（2012）的语料库研究也证实了词频制约因素对词序有一定的制约作用，尽管不如语义因素的作用明显（见第四章）。在汉语中，是否存在相似的情况还不清楚。从汉语并列短语遵循无标记项先于有标记项的排序原则来看，由于有标记项更典型和基础，理论上在语料中出现的频率应高于有标记项。尽管如此，词频对汉语的影响尚未得到证实,定量的研究仍然十分必要。

四 汉英双项式并列短语词序原则的异同

汉英并列结构的词序受到语义、语音以及语境、文化等多方面因素的制约,从而形成数条制约词序的原则。除语音因素内的各原则不能相提并论外,汉英双项式并列短语排序的总体原则相似,大原则之下的次原则同多异少。综合前人的观点以及前一节的主要内容,总结出以下异同之处。

(一)相同的词序原则

汉英并列短语的词序原则有诸多相似之处,以下综合前人的研究,将二者的相似点进行归纳总结。

1. 空间顺序原则

就空间方位而言,汉英并列短语通常都遵循先上后下、从高到低、由纵及横、由近至远的空间顺序原则,如"上下"(up and down)、"楼上楼下"(upstairs and downstairs)、"手和脚"(hands and feet)、"高山峡谷"(mountain and valley)、"高大魁梧"(high and wide)、"亚洲和欧洲"(Asia and Europe)、"地方的和国际的"(local and international)、"这儿那儿"(here and there)等。

2. 重要 > 次要原则

汉英并列短语遵循先重要后次要、先主要后次要的排序原则,如"主次"(primary and secondary)、"健康和福利"(health and welfare)、"事实和数据"(facts and figures)、"知识性和趣味性"(informative and interesting)等。

3. 简单 > 复杂原则

由简单到复杂、从具体到抽象、由自身及他人的排序原则作为显著性原则的次原则,在汉英并列短语中表现出一致性。汉语中有不少由简单到复杂排序的并列短语，如"分析和批判"、"探索和创新"、"认识和理解"等；英语中如"dots, lines and surface"、"sense and consciousness"、"judge and analyze"等。

4. 具体＞抽象原则

从具体到抽象的排序原则在汉语和英语中也体现出一致性。如"能力和悟性"（ability and insight）、"技能和眼光"（skills and vision）、"训练和发展"（training and development）、"生理和心理"（physical and psychological）等。

5. 自身＞他人

先自身再他人体现了由近及远的空间顺序原则，是显著性原则的一条次原则。汉语中如"中国和日本"、"中国与美国"等并列短语体现了该原则。英语中"Sino-U. S."（中美）和"U. S. -China"（美中）则分别反映了不同情况下遵循自身＞他人的顺序原则。

6. 时间顺序原则

汉英并列结构遵循时间先后原则。如前所述，时间顺序原则包括时间的由先到后，事件的由先到后，动作、状态的由先到后以及逻辑事理上的条件、因果、参照和被参照的时间先后。有不少遵循时间由先到后原则的汉语和英语并列短语，如"七月和八月"（July and August）、"春夏"（spring and summer）、"过去和现在"（past and present）等。也有一些遵循事件、动作、行为、状态的先后顺序的并列短语，如"大三和大四学生"（junior and senior）、"调查和研究"（investigate and research）、"诊断和治疗"（diagnose and treat）等。最后，按事理的先后排序的并列短语也有不少，如"原因和结果"（cause and effect）、"生存和发展"（survival and development）、"稳妥"（slow and sure）等。

7. 积极性原则

当并列结构的并列项语义上有积极程度上的差别时，一般情况下较积极的处于首位，在汉语和英语中均是如此，如"正反"（pros and cons）、"肯定和否定"（positive and negative）、"优点和缺点"（advantages and disadvantages）、"成功和失败"（success and failure）、"生死"（life and death）等。

（二）相异的词序原则

由于种种原因，汉英双项式并列短语的词序有时不一致，出现反序的现象，如"art and literature"（文艺）、"back and forth"（前后）、"fire and water"（水火）、"flesh and blood"（血肉）、"land and water"（水陆）、"track and field"（田径）、"hot and cold"（冷热）、"rich and poor"（贫富）等。

当并列短语中并列项之间有范围大小之别时，汉语一般按照前大后小的原则，呈现整体＞部分的序列。而英语刚好相反，通常是先小后大，先部分后整体。时间上，汉语中"年、月、日"的顺序跟英语中的"日、月、年"刚好相反；空间上，汉语中"国家、省市、城市"的顺序也跟英语中的"城市、州、国家"相反。

如前所述，在涉及人体构造的上下、前后等感知领域，人类偏爱上和前，这是人类语言普遍的感知特点。上下的纵向度高于不对称的前后维度，前后维度比对称的左右维度更凸显，而左右维度比对称的空间和时间关系的整体—部分凸显。因此，凸显度最高的上下和前后领域，在世界语言中的词序都是相同的，即上＞下，前＞后。而左右和整体—部分的凸显度最低，在语言中就可能出现两种词序。以时间先后原则和空间范围原则为例。时间和空间作为人类感知的最基本领域，在汉语和英语中体现为相反的排列顺序，如"上午 10 点"（10 o'clock, morning）、"中国，重庆"(Chongqing, China)等。认知语言学就这一差异对人类的整体—部分的感知做出了一个初步的推论:就整体—部分关系而言,人类对整体和部分的排列并无偏爱的次序,各语言的选择主要取决于语言习惯和文化习俗。

总之,汉英并列短语受语言的语义、语音以及文化规约支配,词序原则出现一些差异,这是不争的事实。但这几种因素对词序的影响的大小有待考证,这也是本书语料库研究的一项重要内容。总体而言,汉英并列短语在大的方面呈现相同的词序原则(语音方面的词序原则、社会文化因素方面的原则除外),但在一些词序次原则上有不同之处,主要表现在汉语倾向于整体>部分,英语倾向于部分>整体。

五 各制约因素和原则之间的相互关系与优选

制约一个并列短语的因素在有些情况下可能不只一种,词序原则也可能不只一个。就词序原则本身而言,大部分也不是只受一个因素的制约,比如显著性原则,这条原则既有语义因素也有语言文化方面因素的作用。权力原则也是如此。由此可见,并列短语词序的安排往往不是一个因素作用的结果,而是诸多制约原则相互竞争、选择的结果。在竞争和选择的过程中,可能出现的情况有三种:兼容、排斥、互不相干。廖秋忠(1992)在谈到各原则运用时可能存在的关系时提出了类似的观点:彼此之间是和谐的,彼此之间不相干,彼此之间冲突。由于原则之间彼此不相干没有讨论意义,因此在此略去。兼容或和谐有两层含义:并列短语的词序同时符合并和谐地融合了语义、语音、形式等诸多因素,遵守两条或两条以上的词序原则;某些并列结构的排序无论使用哪一条或哪几条原则,出现的都是唯一的序列。第一种情况容易理解,第二种情况则较难理解。换句话说,导致几条原则共同作用于某一并列结构的词序并产生同样结果的根本原因在于原则与原则之间并不是相互排斥、泾渭分明的,而是本身有交叉和联系的。如在英语并列结构"time and effort"中,词序既符合语义因素方面的具体先于抽象的原则,也遵循语音方面的音节长度由少到多原则以及词频因素方面的高频词先于低频词的原则。以汉语为例:马克思参加和领导了当时的国际工人阶级运动。"参加"在时间上先于"领导",同时"领导"也是"参加"程度上的深化,因此,该并列短语符合时间先后原则和程度上由浅到深的原则。排斥则是指词序符合其中某一条或多条原则,但同时违反了其中某一条或多条。例如:

(22) 提出了*理论联系实际*、*密切联系群众*、*自我批评*三大作风。

在例(22)中,并列结构的排序主要受语义因素制约,"理论联系实际"和"密切联系群众"是"自我批评"的条件和前提。从语音因素来看,该排序将音节数量少的并列项放在末尾,违反了语音方面音节数量由少到多的原则。再如"爱和恨"中,前后项的顺序受制于语义因素,遵循积极性原则。但如果换成"喜爱和恨",则变成虽遵循语义原则却违反语音原则。

再看下面的例子:

(23) 静极了,美极了,然而,水在流,花在开,不都是静中有动么? 诗中*王*、*孟*是阴柔美,诗中*李*、*杜*是阳刚美。

在例(23)中,"王、孟"指盛唐著名诗人王维和孟浩然,二者诗歌风格相似,成就也不相上下,所以词序的排列并不遵循重要性原则,也无时间顺序原则的制约。唯一可以解释该顺序的成因是语音的平—仄规律的要求。"王"为平声,而"孟"为仄声。后面的"李、杜"也是如此。

无标记先于有标记的排列顺序是汉英双项式并列短语常常遵

守的原则,是语言的重要特征之一。但与此相反的是,重点前置(focus fronting)(Bovillian,1993:205)也是语言的另一重要特征。重点前置倾向于将重要的或更需要强调的部分放在无标记项之前。因此,在并列短语中,可能出现重要部分出现在次要部分之前的情况。无标记先于有标记的排序原则有时与重要性原则相冲突。此外,"有标记"、"无标记"以及"重要"、"次要"等概念因民族的不同而不同。并列短语的词序可以在一定程度上折射民族的观点、态度和文化。

在制约并列短语词序的诸多因素中,语义和语音因素是最主要的。两种因素在汉语和英语中是否具有相同的制约力?多数国内研究者对汉语并列短语词序制约因素的相关研究表明,语义因素居主导地位。吴茜在其硕士学位论文中将制约并列结构词序的因素分为四种:语义因素、认知因素、语音因素和语境因素,并且提出制约并列结构词序的这四种因素在词序原则中所占据的地位是不平等的,从而形成了一个优先序列:语义因素和认知因素>语音因素>语境因素。尤其是当语义因素和语音因素发生冲突时,多数情况下语义因素占上风,取得强势地位(吴茜,2009:26)。但就汉语并列复合词而言,则恰恰相反,很多情况下,语音因素会让位于语义因素(周荐,2005)。可见,对汉语并列结构词序制约因素的研究还只是停留在观察和例证阶段,缺乏定量考察。制约英语双项式并列短语词序的研究表明,英语语音、音律跟语义因素之间的竞争显得比汉语更加复杂。大多数研究者认为,在制约英语双项式并列短语词序的诸多因素中,语义是主要的。然而,以Mollin(2012)为代表的基于语料库的最新研究却发现,尽管语义因素是主要因素,语音和音律因素对英语并列短语词序也有很强的制约作用。

一种因素不只制约一条原则,一条词序原则也不只受到一种因素的制约,并列短语词序原则和制约因素之间不是一一对应的关系,体现在具体的短语中,可能是一种相互交叉的关系。原则和原则之间的竞争、冲突在所难免。当两种或两种以上的制约因素共同作用于某个短语的词序并发生矛盾时,哪种制约因素占主导地位?与定性研究和例证相比,定量研究具有更强的说服力。

第五节 小结

综合以上关于并列短语的已有研究可以看出,并列短语的研究逐步深入和系统,取得了可观的成就,呈现出内容丰富、角度多、方法逐渐多样化的特点。在并列短语的特征及其界定、外在标记、语义关系、典型性、内部构成和词序等方面已有比较全面的研究,描写较充分,解释较合理。但是,也存在不少不足之处。首先,在解释并列短语的内部构成及词序时,缺乏理论的支撑;其次,方法单一,特别是对汉语并列短语的研究缺乏基于大型语料库的定量考察;再次,对并列短语词序以及词序制约因素的研究比较笼统,对词序制约因素的层级缺少必要的关注;最后,汉英并列短语的词序制约因素的对比研究不够。

对汉语并列结构的词序问题研究较多,词序制约因素体现为语义、语音以及语境等方面的诸多词序原则。汉语方面的研究目前主要集中在定性研究和例证观察上,词序原则众说纷纭,术语众多而凌乱。针对词序制约因素的定量研究较少,原因主要有两个方面:一是汉语并列结构的复杂性使得定量的研究的可操作性降低;二是汉语自身的特点带来的汉语语料库功能的缺失,导致手工排查、筛选需要投入更多的时间和精力。

尽管目前有大量关于英语或汉语并列双项式词序的研究，但仍然存在不少遗留的问题。除 Mollin 最近的研究外，不少研究者（Malkiel，Cooper 和 Ross，Fenk-Oczlon，Muller）关注的重点是英语中的凝固词，很少涉及非凝固词。

目前，国外对英语以及其他印欧语言的并列双项式的词序制约因素研究从定性研究转到了语料库实证性研究上。McDonald 等（1993）的研究发现，"有生命"这一语义因素对英语并列双项式词序的制约力超过"音节数量"这一音律因素的制约力。Muller（Mollin，2012）运用优选论（optimality theory, OT）分析了德语中的双项式凝固词的词序，发现语义因素的作用超过音律的作用，音律的作用超过其余音系因素的作用。Wright 和 Hay（2002）通过对男女姓名的研究发现男性姓名处于第一位的可能性大大高于女性姓名。同时，他们还发现性别这一语义因素比音系因素在词序优先方面更加重要。

最近 Mollin（2012）通过 BNC 语料库的研究发现了英语双项式并列短语的词序制约原则的制约力排序等级从高到低为：象似性、心理上的标记性、形式上的标记性＞权力＞音节数量、避免出现连续不断弱音、避免末尾重音、词频＞主要音节的轻重、音核元音长度、主要音节的闭合度、音核元音靠后度、结尾辅音数量、开头辅音数量＞音核元音高度、首音的响亮度、尾音响亮度。可以看出，就英语双项式并列短语的词序原则的制约力而言，语义最强，音律其次，词频第三，音系因素最弱，居末尾，尤其以开头和结尾音的响亮度的作用最小。因此，在表3-2中，略去了首音响亮度和尾音响亮度这两项。心理上的标记性和形式上的标记性属于无标记项先于有标记项原则中的两个方面，可以用该原则下对应的次原则进行解释，因此本书不再采纳。

大多数基于语料库的定量研究忽视了各制约因素之间的关系。此外，英语和汉语两种语言的并列双项式在词序制约因素上存在什么样的特点、差异以及差异的成因、各词序制约因素的制约力以及等级序列等，都需要做进一步的考察和研究。

综合以上相关研究，表3-1和表3-2分别归纳汉语和英语双项式并列短语的词序制约因素。

表3-1　　汉语双项式并列短语的词序制约因素概况

语义因素	权力	首项的所指在现实或认知世界中更强大；首项的所指具有成人、男性、年长、积极的、肯定的、有生命的、友好的等特征
	时间	首项的所指在时间上或逻辑上先于尾项
	显著性	首项的所指在视觉上比尾项的更显著；首项的所指在认知上比尾项的所指更典型
	重要性	首项的所指在认知上比尾项的更重要，包括地位高低、主次、基础/参照点与派生物/被参照点、价值评价高低、数量多少等
	积极性	首项的所指在语义上比尾项更积极，包括判断上的肯定否定、行为的正面负面、评价的高低、感情上的好坏等
	递升	首项和尾项的所指在语义上遵循数量的由少到多、语义的由轻到重以及程度的由浅到深顺序排列
	熟悉度	首项的所指在认知熟悉程度上高于尾项的所指
语音因素	调序	先平后仄、先上后去
	音节数量	首项的音节数量少于后项的音节数量
	音节奇偶	前偶后奇
词频		前项较后项的出现频率高

表 3-2　　英语双项式并列短语的词序制约因素概况

语义因素	权力	首项的所指在现实或认知世界中更强大；首项的所指具有成人、男性、年长、积极的、肯定的、有生命的、友好的等特征
	时间	首项的所指在时间上或逻辑上先于尾项
	显著性	首项的所指在视觉上比尾项的更显著；首项的所指在认知上比尾项的所指更典型
	重要性	首项的所指在认知上比尾项的更重要，包括地位高低、主次、基础/参照点与派生物/被参照点、价值评价高低、数量多少等
	递升	首项和尾项的所指在语义上遵循数量的由少到多、语义的由轻到重以及程度的由浅到深顺序排列
	熟悉度	首项的所指在认知熟悉程度上高于尾项的所指
	积极性	首项的所指在语义上比尾项更积极，包括判断上的肯定否定、行为的正面负面、评价的高低、感情上的好坏等
音律因素	音节数量	尾项的音节数量少于首项
	避免出现连续不断弱音节原则	排序遵照出现最小数量的连续弱音节原则
	避免末尾重音原则	尾项的末尾音节为非重音
(非音律的)音系因素	音核元音长度	尾项的主要元音长于首项的主要元音
	音核元音靠后度	尾项的主要元音较首项的靠后
	音核元音高度	尾项的主要元音的舌位较首项的低
	开头辅音数量	尾项的开头辅音较首项的多
	结尾辅音数量	尾项的结尾辅音数量较首项的多
	音节闭合度	尾项的主要音节的开口度较首项的小
	主要音节的轻重	尾项的主要音节较首项的强
词频		前项较后项的出现频率高

第四章　基于语料库的双项式并列短语的词序制约因素考察

一般来说，并列短语的并列项在语法和结构上没有主次、先后、正副之分。各并列项的句法功能和整体的功能大体一致，因此排序灵活。尤其是当并列项只有两项时，并列项往往无序合取，可以换位。双项式并列结构成分的排序在多数情况下被认为是自由、可逆的。然而，我们也注意到，在实际使用中，不少并列短语的词序并非想象的那么自由。有些并列二项式已经固化或类固化，词序变得不可逆或者高度倾向于某一词序。在英语中，人们会较常使用"rich and famous"这一顺序的并列形容词短语的表达方式，而不常使用"famous and rich"。同样，并列名词短语"law and order"已经成为固化表达，"order and law"则不可接受。汉语中也存在类似的情况，"科学和技术"较"技术和科学"出现的频率更高。

第三章提到，目前的研究主要集中在固定词序的并列结构上，如汉语中的并列复合词、英语中的成对词以及两种语言中的固定短语的词序制约因素和排序原则。对半固化和类固化的并列短语的研究成果在数量上相对不足，也缺少广度和深度。固化短语以外的并列短语被看作词序灵活可变的自由短语，不值得研究。词序制约因素的制约力在双项式并列短语中作用怎样？是什么原因导致了汉语倾向于使用"科学和技术"而英语倾向于使用"rich and famous"？词序制约因素在汉语和英语中有哪些相同点和不同点？为此，本书选取 BNC、CNC、CCL 三个语料库中高频双项式并列短语，着重探讨词序制约因素的制约力或效度（validity）。通过统计，计算和分析词序制约因素在两种语言并列双项式中的词序预测成功率。

本章首先论及要探讨的主要内容和解决的问题，提出以"可逆性"这一概念来划分并列短语的固化程度，综合和归纳并列短语的词序制约因素。在此基础上提出假设，通过语料库，统计汉语和英语词序制约因素的词序预测成功率，并对其进行排序，以检验假设的真伪，同时呈现汉语和英语之间的异同。

第一节 研究的问题和初步假设

如前所述，廖秋忠（1992）在谈到汉语并列短语的词序原则时，提出各原则在运用时存在三种可能，一为和谐，二为不相干，三为冲突。但对于各排序原则相互作用的具体情况并无深入的研究。袁毓林（1999）也承认排序原则竞争机制的具体细节还需要进一步了解和研究。国外对于英语双项式并列短语的研究较多，但主要集中在凝固词上。Mollin（2012）的研究克服了这一不足。她的研究更多地关注了词序可逆的英语双项式并列短语。此外，她首次运用大规模的语料库研究并列短语的词序因素。Mollin 基于语料库的研究思路、方法、步骤是本研究的重要参照，为汉英基于语料库结果的对比研究奠定了基础。

一 研究的问题

综合国内外相关研究，本书拟定量考察高频汉英并列双项式的可逆性和词序制约因素的词序预测成功率。研究的问题就汉语而言，包括两个方面：

（1）考察汉语并列双项式中语义因素、语音因素以及词频等三种制约因素的词序预测成功率的层级。

（2）重点考察汉语中语义因素下属的几小类在398个并列双项式中词序预测成功率的层级，分析预测汉语并列双项式固化的主要因素。

就英语而言，语义因素的作用强于语音和词频的作用，语义因素已被证实为引起短语固化的主要原因，紧随其后的是音律因素。Mollin（2012）将语音因素分为音律（metrical constraints）和音系（phonological constraints）两大类，下属共12个次类，比较全面地考察了各语音因素在制约词序中的作用。但是，该研究中对语义因素的具体划分种类较少，仅有四类，即权力、象似性、心理标记性和形式标记性。因此，将语义因素细分，全面深入地考察各语义因素的互动尤显必要。本书的语料库研究在英语方面主要针对语义因素方面展开，拟解决的问题包括：

（1）语义因素在并列双项式的主导地位是否与Mollin（2012）的研究结果一致。

（2）权力、时间、显著性、重要性、积极性、熟悉性、递升等因素的词序预测成功率的层级。

汉英对比要解决的问题是：

（1）揭示词序制约因素在两种语言中的词序预测成功率。

（2）分析词序制约因素在两种语言中的异同。

二 初步假设

结合第三章罗列的词序制约因素和原则，针对要解决的问

题,我们提出以下初步假设:

(1) 首先,Fenk (1989) 等人的研究证明英语中并列双项的词频高低制约双项式的词序:优势词序首项的词频高于尾项的词频。因此,我们假定词频因素是制约汉语并列双项式的因素。

(2) 根据第三章的相关研究,语义因素对汉语双项式并列短语的词序制约作用强于在英语中的作用;语音因素在对英语双项式并列短语的词序制约作用强于在汉语中的作用。

(3) 词序制约因素在英语中的层级为语义因素>其他因素。

下面就语料进行选择、分析,证实或证伪以上的初步假设,并补充相关研究结果以及进行对比和初步分析。

第二节　语料描述与分析

如前所述,并列双项式在汉语和英语中有差异,语料搜集和筛选时应充分考虑这一点。下面分别就本书选用英语和汉语语料的方法、步骤等加以说明。

一　英语语料描述与分析

英语词类划分明确,BNC 语料库中也有明确的词类标注。此外,由于英语并列双项式讲究形式上的整齐划一,因而英语语料搜集简单易行。选取由"and"连接的在 BNC 语料库中优势词序出现次数在 58 次及以上的名词性、动词性以及形容词性双项式并列短语共计 398 个,查询表达式分别为"[n*] and [n*]","[v*] and [v*]","[aj*] and [aj*]"。人工排查时只需注意以下两点即可:

第一,排除"come and V","go and V"," try and V","V

and V",原因在于,根据 Makkai(1972:157)的观点,这些动词性并列结构从形态学上看,本身就是不可逆的。此外,前后两项重复的并列短语,如"more and more"等,由于无法计算此类并列短语的可逆度分值,也被排除在外。

第二,在计算频次时,排除一些诸如句子"Everything was in good *order and law* was upheld"中"order and law"的假象,以得出正确的频次。

接下来计算所选的 398 个英语并列双项式的可逆度分值,方法跟下面汉语语料库搜索的第四步相似,兹不赘述。

二 汉语语料描述与分析

由于汉语语言文字自身的特点以及汉语语料库查询的有限性,跟英语不同,汉语双项式并列短语无法一次性通过语料库直接输入某一表达式而获得需要的语料。大量的手工排查、筛选需要投入较多的时间和精力。目前,基于语料库尤其是大型语料库的汉语双项式并列短语词序制约因素的研究尚是一个空白。

在进行语料库检索之前,有必要弄清双项式并列短语在两种语言中的差异。

在第一章中提到,"双项式并列短语"这一用语是基于英语中的"binomial"一词提出的,受启发于 Malkiel(1959:113)对"binomial"的定义:通常由某种词汇手段连接、处于相同句法层级的、来自同一词类的两个词语的序列。Malkiel 注意到现在的凝固词在历史上曾经可逆这一事实,因此,在定义该术语的同时,他强调这类并列结构存在可逆性:一些固化,另一些有不同程度的可逆(1959:116)。可以看出,英语中的这一类被称为"binomial"的短语相当于汉语中由两个词组成的表并列关系的短语,有可逆程度之分。前面的文献综述中提到,汉语中并列短语并列项的连接方式有无标记和有标记两类。有标记的连接方式包括停顿符号、连接词的使用等。就名词性并列短语而言，最典型的双项式并列短语是由两个光杆名词构成（邓云华，2004）。构成并列短语的词，就词类和出现频率而言，以名名并列为典型；就表并列的两种逻辑关系而言，合取是主要的（石毓智，2006）。在拥有1亿单词词汇量的BNC语料库中，由"and"连接的出现频率在5次以上的并列双项式有14336个，而由"or"连接的只有1888个。尽管汉语的情况目前无法用语料库加以证实，但来自英语语料库的相关数据充分证明了合取式并列短语的主要地位；汉语中连接词"和"的含义与英语中的"and"大体相当，但也有区别。鉴于以上原因，汉语语料库搜索的步骤如下：

（1）利用国家语委现代汉语CNC语料库查询。进入该语料库网址主页，选择"现代汉语"，查询表达式为"和/c"，表示搜寻的是"作为连词的'和'的词条"，并点击下方的"模糊匹配"、"生语料"，选择"显示500"条，从首页开始，逐页找到满足该条件的所有词条。

（2）对每页显示的词条进行人工排查，筛选出符合条件的双项式并列短语，并列项重复的只计1条（比如多处出现"经验和教训"或其反序"教训和经验"）。总共排查了该语料库中26页共计13000条的语料，筛选出2005个由两个光杆名词构成的并列短语。

（3）利用北京大学现代汉语语料库CCL，逐一输入并列项，查找已选的2005个并列短语的并列项组成的表合取的短语在语料库中的频次，最后选取其中出现超过30次的词条，共398条。在CNC语料库中出现的不少并列短语，在CCL语料库中，由于优势词序的出现次数低于30而被排除在考察范围外，有的并列短语甚至在该语料库中未出现。比如，CNC语料库中出现的

"巩固和加深"、"收获和体会"在 CCL 语料库分别出现的次数只有 13 和 12；"澄清和更正"、"衡量和规范"在 CCL 中出现的次数为 0。此外，汉语并列短语不同词性的并列项，采用的并列连接词有差异。汉语中体词并列项表合取时的方式除无标记的直接连接外，还包括许多有标记的连接方式，主要有"和"、"与"、"、"、"及"四种，动词性的并列短语的有标记连接手段包括"和"、"与"、"、"、"并"四种，形容词性并列短语的有标记连接手段包括"和"、"与"、"、"、"而"四种。设定并列短语首项为 A，尾项为 B，则并列二项的合取表达式可以表示为：A + B（英语为 A and B）。例如，已选语料为"改革"和"开放"，利用 CCL 查频时，由于是名词性并列短语，分别输入"改革和开放"、"改革与开放"、"改革开放"、"改革及开放"、"改革、开放"，选择"间隔距离刚好等于'0'"，得到这几个表达式在语料库中的频次，然后相加。除需要一一键入这几类连接手段连接并列项组成的短语进行频次统计外，还需要做以下的人工排查工作。第一，由于 CCL 语料库未设立"词性标注"为查询条件，因此，计算频次前，需正确判断并列项的词类。汉语中，词语兼类现象较普遍，如"归纳和概括"。正确判断并列项词类才能选对连词，从而得出准确的出现频次。第二，一些汉语中无标记连接的并列短语可能或更常用作偏正短语或两者均可，如"社会经济"，因此，需要根据语境语义判断。第三，并列项可能出现在不同的句子层级中而只是恰好连接在一起，形成一种"假象"，人工排查时也需要留意，例如：他是大家的好干部和职工眼里的好领导。第四，采用和第三步相同的方式逐个查找 398 个并列短语的并列项交换位置后的并列双项式在语料库中出现的频次。

（4）计算出所有并列双项式的可逆度得分。可逆性是并列双项式优势词序和劣势词序在语料库中的相对比例,由可逆度分值来体现。可逆度分值的计算公式为:reversibility = [freq/(freq + revfreq)] ×100。其中,freq 代表出现频次较高的并列短语的频次,revfreq 代表出现频次较低的并列短语的频次。例如,"干部+群众"的所有合取式并列短语在语料库中出现的频次为4349,其反序"群众+干部"的频次为50,利用计算公式,该双项式的可逆度得分为 [4349/(4349 + 50)] ×100 = 98.86。如果双项式的两种可能词序中只有一种在语料库中出现,该双项式为不可逆,是凝固短语;如果双项式的两种可能词序在语料库中均出现,该双项式为可逆,可逆的程度取决于优势词序在语料库中出现频次的高低。优势词序出现的频次越高,双项式可逆度越低,倾向于固化;反之,若优势词序和劣势词序出现频率相当,双项式的可逆度高,倾向于自由。这里的可逆度得分只是为方便评判双项式的可逆度而设的。附录1是398个汉语并列双项式的优势和劣势词序在语料库中出现的频次以及可逆度得分情况。为分析之便,附录1按双项式的优势词序出现的次数多少排列,附录2按可逆度得分的从高到低排列。

第三节 汉英优势词序的频次和可逆度

一 优势词序的频次

选定的汉语和英语并列双项式都是398个。从附录1可以看出,汉语中优势词序出现频次最高的是双项式"改革+开放",次数达到29991,其次是"左+右"以及"内+外"构成的优势词序的频次,均超过了2万次。优势词序频次最低的是"批评+监督"、"突破+进展"以及"牺牲+贡献"三个并列双项式,频次均为31次。从附录3可以看出,英语中并列双项式出现频次最高的是"men and women",次数为 1943,紧随其后的是"England and Wales"和"economic and social",次数分别为 1630 和 1039。所选的英语并列双项式中频次最低的是"knives and forks",只有 58 次。表 4-1 是汉英双项式并列短语优势词序频次的分段数量对比以及占总数的比例。

表 4-1 汉英双项式并列短语优势词序的频次分段数量以及占总数的比例

频次	汉语(个)	比例(%)	英语(个)	比例(%)
2000 以上	29	7.29	0	0
1000—1999	37	9.29	5	1.26
500—999	47	11.81	7	1.76
400—499	21	5.28	8	2.01
300—399	24	6.03	12	3.01
200—299	37	9.29	22	5.53
100—199	83	20.85	133	33.42
100 以下	120	30.15	211	53.01

从表 4-1 可以清楚地看出,汉英双项式并列短语优势词序的频次分段既有相同之处,也有明显的不同。共同点在于 100—199 以及 100 以下两个频次段所占的比例较高,汉语中位于这两段频次的双项式的和超过了总数的一半,占 51%,英语位于 200 次以下的达 344 个之多,占总数的 86%。二者最大的差异在于高频的并列双项式,尤其是超过 400 次以上的,在英语中为数不多,仅 20 个,汉语则有 134 个,且有 29 个双项式的优势词序的出现频次超过 2000 次。在 BNC 语料库中,没有发现优势词序的出现频次超过 2000 次的英语双项式。产生这一现象的部分原因

除了可能与语料库的大小和容量的多少有关,也与两种语言自身的特点、语言所在文化的特点等有关。由于该话题不是本书讨论的重点,在此不详述。

二 汉英并列双项式的可逆度

依据附录2和附录4的相关数据,汉语和英语并列双项式的可逆度得分情况以及据此划分的并列双项式的从不可逆到可逆的种类及其数量和比例情况统计见表4-2和表4-3。

表4-2 汉语并列双项式可逆度、可逆种类、比例

可逆度得分	种类	双项式数量(个)	占双项式总数的比例(%)
100	不可逆	16	4.02
90—99.99	高倾向某一词序的可逆	137	34.42
75—89.99	中倾向某一词序的可逆	115	28.89
50—74.99	自由式可逆	140	35.18

表4-3 英语并列双项式可逆度、可逆种类、比例

可逆度得分	种类	双项式数量(个)	占双项式总数的比例(%)
100	不可逆	79	19.85
90—99.99	高倾向某一词序的可逆	150	37.69
75—89.99	中倾向某一词序的可逆	85	21.30
50—74.99	自由式可逆	84	21.10

从表4-2可以看出,在选定的398个汉语双项式并列短语中,16个(占总数的4.02%)短语的可逆度得分为100,表明

这类并列双项式无反序存在，是不可逆短语；137个（占总数的34.42%）短语的可逆度得分超过90，表明这类并列双项式常以某一词序存在，是高倾向某一词序的可逆双项式；115个（占总数的28.89%）双项式的可逆度得分超过75，表明此类双项式具有某一词序的中等倾向；多达140个（占总数的35.18%）双项式的优势词序和劣势词序出现的频率大体相当，无明显的倾向，属自由式可逆双项式。

表4-3反映了语料库中选定的398个高频英语并列双项式的从不可逆到可逆的种类及其数量和比例情况。在398个双项式中，79个（占总数的19.85%）双项式可逆度得分为满分100，表明此类双项式的词序不可逆；多达150个（占总数的37.69%）双项式可逆度得分超过90，属高倾向可逆双项式；85个（占总数的21.30%）双项式可逆度得分在75以上，是中等倾向某一词序的可逆双项式；84个（占总数的21.10%）双项式得分在75以下，是自由式可逆双项式。

从所选的汉语双项式可逆度高低的比例来看，高倾向某一词序的可逆双项式和自由式可逆双项式所占比例较高，二者之和占到总数的62.05%。表4-3中英语双项式从可逆度看，高倾向某一词语的可逆双项式较多，占到总数的37.69%。同时，我们发现，汉英双项式并列短语的可逆性在直观的数量以及比例上有共同之处：高倾向某一词序的可逆双项式均有较大的数量和比例。这一相似之处表明两种语言中不少高频并列短语有凝固的倾向。值得注意的是，从两个表格中也能明显地发现不同之处，即按可逆度得分情况统计的高频常用双项式在种类及其数量上有差异。汉语中，完全不可逆的并列双项式只有16个，而英语中则多达79个；同时，汉语中自由式可逆的并列双项式数量（140个）明显多于英语中的相应数量（84个）。

第四节　汉英词序制约因素的词序预测成功率及排序

由于英语并列双项式词序制约因素现阶段已有基于语料库的定量研究，如 Benor 和 Levy（2006）以及 Mollin（2012）对双项式的相关考察和分析，本节首先阐述 Mollin 的主要研究方法和结论，然后阐述我们的结论。

一　英语词序制约因素的词序预测成功率及排序

（一）Mollin 的相关研究

Mollin（2012）考察了 BNC 语料库中优势词序出现频次超过 50 次的共 544 个并列双项式，目的是检验之前定性研究讨论得出的语义、语音以及词频因素在制约双项式词序中的作用，即预测成功率，结合双项式的可逆度分值，找出预测短语固化的主要因素。词序预测成功率指的是词序制约因素预测词序的正确率，即词序制约因素预测词序正确的数量与该因素起作用的所有双项式数量的比例。例如，就显著性因素而言，在汉语 398 个并列双项式中，显著性因素活跃的双项式总数为 197，但是，显著性因素未能正确预测到其中一些双项式的优势词序。显著性因素能完全正确预测优势词序的双项式共 149 个。因此，显著性因素在汉语并列双项式中的词序预测成功率为 149/197，即 75.63%。

Mollin（2012）选用了 BNC 语料库中由"and"连接的 544 个高频的并列双项式。从并列项的词类来看，有名名组合、形形组合、动动组合、介介组合和副副组合共五种。Mollin（2012）首先将词序制约因素分为语义、音律、（非音律的）音系以及词频四大类共17小类（见表4-4）。

表4-4　　词序制约因素概览（译自 Mollin 2012：91）

语义	权力	首项的所指在现实或认知世界中更强大
	象似性	首项的所指在时间上或逻辑上先于尾项
	心理标记性	首项的所指在心理上较尾项缺少标记性
	形式标记性	首项在结构上较尾项缺少标记性
音律	音节数量	尾项的音节数量少于首项
	避免出现连续不断弱音节	遵照出现最小数量的连续弱音节原则
	避免末尾重音	尾项的末尾音节为非重音
（非音律的）音系	音核元音长度	尾项的主要元音长于首项的主要元音
	音核元音靠后度	尾项的主要元音较首项的靠后
	音核元音高度	尾项的主要元音的舌位较首项的低
	开头辅音数量	尾项的开头辅音较首项的多
	结尾辅音数量	尾项的结尾辅音数量较首项的多
	音节闭合度	尾项的主要音节的开口度较首项的小
	主要音节的轻重	尾项的主要音节较首项的强
	首音响亮度	尾项首音的响亮度不高于首项
	尾音响亮度	尾项尾音的响亮度高于首项
词频		首项较尾项的出现频率高

其次，Mollin（2012）计算了各词序制约因素的预测成

功率。

表4-5是Mollin（2012）研究中词序制约因素的词序预测成功率在所考察的544个并列双项式中的大致情况。

表4-5 词序制约因素的预测成功率（译自Mollin 2012：93）

制约因素	所有双项式		排除语义因素		排除语义和音律因素	
	数量（个）	百分比（%）	数量（个）	百分比（%）	数量（个）	百分比（%）
权力	111	83.78**				
象似性	65	95.38**				
心理标记性	125	91.20**				
形式标记性	30	86.67**				
音节数量	301	70.76**	152	68.42**		
避免出现连续不断弱音节	273	66.30**	135	61.48*		
避免末尾重音	185	75.14**	86	74.42**		
音核元音长度	277	49.82	130	53.85	71	69.01**
音核元音靠后度	246	47.15	121	52.89	65	63.08*
音核元音高度	341	46.95	169	49.70	98	54.08
开头辅音数量	232	41.81*	126	44.44	69	60.87
结尾辅音数量	279	46.95	149	47.65	78	61.54
音节闭合度	236	39.41*	123	41.46	55	67.27**
主要音节的轻重	312	44.87	158	46.84	85	74.12**
首音响亮度	430	50.23	216	47.69	120	53.33
尾音响亮度	353	58.07**	188	57.98*	102	46.08
词频	544	65.07**	268	61.57**	153	54.90

注：表中"数量"表示该制约因素活跃的双项式数量；"百分比"代表该制约因素正确预测词序的比例，即词序预测成功率；** 表示 p<0.01，* 表示 p<0.05。

通过以上数据，Mollin 对四大类制约因素排序，词序预测成功率的层级为：语义因素＞音律因素＞词频因素＞音系因素。此外，Mollin（2012）考察了语义因素内部、各因素之间以及所有的 17 小类词序制约因素的层级，得出如下结论：

（1）语义因素的制约力层级为：象似性、心理标记性、形式标记性＞权力。

（2）语义因素和音律因素的制约层级为：象似性、心理标记性、形式标记性＞权力＞音节数量、避免出现连续不断弱音节、避免末尾重音。

（3）语义因素、音律因素、词频的制约层级为：象似性、心理标记性、形式标记性＞权力＞音节数量、避免出现连续不断弱音节、避免末尾重音、词频。

（4）所有制约因素的层级为：象似性、心理标记性、形式标记性＞权力＞音节数量、避免出现连续不断弱音节、避免末尾重音、词频＞主要音节的轻重、音节长度、音节闭合度、音核元音靠后度、结尾辅音数量、开头辅音数量＞音核元音高度、首音响亮度、尾音响亮度。

可以看出，在所有 17 类因素中，首音响亮度和尾音响亮度的词序预测成功率最低，表明这两种因素对并列双项式的词序制约力较小。因此，在影响英语并列双项式词序的因素中，音系因素的制约力是最弱的。Mollin（2012）的以上结果证明了 Benor 和 Levy（2006：263）研究结论的正确性。

在四大制约因素中，语义因素对词序的制约作用明显。为此，Mollin（2012）统计了语义因素的 4 个小类即权力、象似性、心理标记性和形式标记性在不同可逆度区间的并列双项式中的数量，计算出语义因素在 4 个可逆度得分区间的预测成功率（见图 4-1）：

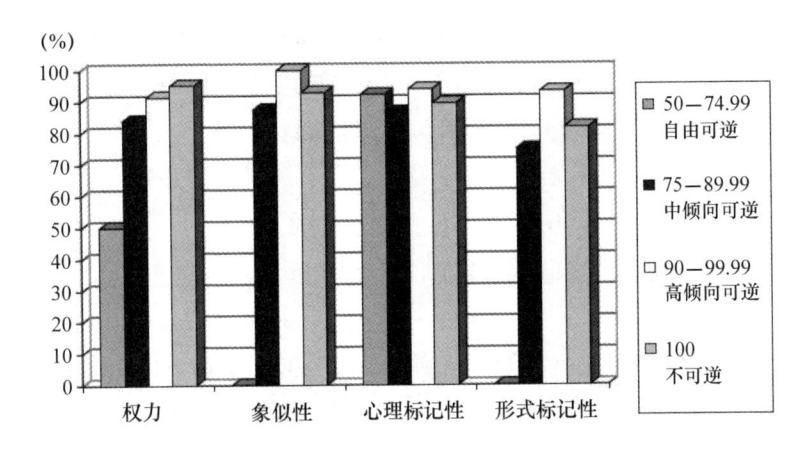

图 4-1　语义因素在四个可逆度得分区间中的
预测成功率（译自 Mollin 2012：98）

Mollin（2012）依据上图提出了能预测短语固化的主要因素。她认为，在一步步朝向可逆度分值较高的区间发展的过程中，这四类因素中只有权力因素的词序预测成功率逐渐升高。这一结论意味着依照权力因素排序的双项式更有可能固化。相反，并列双项式若排序不受制于权力因素，更有可能变得自由可逆。对于其他三类语义因素，Mollin 提供了如下解释：心理标记性作为一条普遍的词序制约因素，因语言和文化的不同而不同，因此与固化过程无关；从象似性原则和形式标记性原则的词序成功率在两个可逆度得分区间（可逆度分值 75—89.99 和可逆度分值 90—99.99）的表现来看，即从中倾向可逆过渡到高倾向可逆的过程中，两种因素的词序制约成功率急剧上升。可见，象似性原则和形式标记性原则不能更好地预测高倾向可逆双项式以下的词序，因而两种因素均不是能预测双项式固化的主要因素。

（二）本书的英语并列双项式相关研究

"熟悉度"作为语义因素中的一个小类，尽管在定性考察中作为独立的一项而被提及，但在本书汉语和英语各398个并列短语中，并未找到熟悉度原则在其中活跃的例子。原因主要在于熟悉度原则多涉及语境（旧信息先于新信息），而语境有临时性、变化、不稳定等特点。在语料库中，符合该原则的并列双项式由于出现频率较低，所以未成为符合条件的语料进入本书。因此，本节以及下一节关于汉语方面的统计和分析不再考虑熟悉度因素。

附录5和附录6呈现的分别是制约汉语和英语每个并列双项式词序的各因素的分布情况。由于英语语音和词频制约因素已有较深入和全面的定量研究，因此附录6将语音因素和词频因素归为"其他因素"一项，着重探讨语义因素以及不同语义因素之间的互动情况。表4-6统计的是英语并列双项式词序制约因素的词序预测成功率。

表4-6　　英语并列双项式词序制约因素词序预测成功率

制约因素	数量（个）	正确百分比（%）
权力	46	80.43
时间	64	98.44
显著性	189	88.36
重要性	97	90.72
积极性	22	90.91
递升	16	100
其他因素	398	24.06

从表4-6可以看出，在制约英语并列双项式的词序因素中，显著性因素活跃的并列双项式在数量上比其他语义因素的多，有189个，递升因素起作用的并列双项式数量最少，仅16个。从

词序预测成功率的高低来看，递升因素却最高，表明它能正确地预测所有词序。显著性因素的词序预测成功率为88.36%，低于时间、递升、积极性、重要性等因素，只高于权力因素（80.43%）。排除语义因素，完全由语音和词频因素制约词序的成功率只有24.06%，表明制约英语并列双项式词序的主要因素还是语义因素。

对比本书得出的表4-6中的数据与Mollin（2012）的结果（见表4-5），我们发现有以下几方面的异同。第一，在表4-5中，权力因素的成功预测率为83.78%，与表4-6中80.43%的数据大体相当；在表4-5中，象似性即时间顺序因素的成功预测率为95.38%，与表4-6中该项的数据98.44%大体一致；在表4-5中，心理标记性即显著性的成功预测率为91.20%，略高于表4-6中该项的数据88.36%。表4-6中英语语义因素的预测成功率的排序为：递升＞时间（象似性）＞积极性＞重要性＞显著性＞权力；语义因素与其他因素的层级为：递升＞时间（象似性）＞积极性＞重要性＞显著性＞权力＞其他因素。两表中相同的语义因素，即时间（象似性）、显著性（心理标记性）和权力在层级中的位置与Mollin（2012）的层级中的位置相当：象似性＞心理标记性＞形式标记性＞权力。

二 汉语词序制约因素的词序预测成功率及排序

附录5反映了汉语双项式词序制约因素的分布情况，分为权力、时间、显著性、重要性、积极性、递升、平仄调序、音节数量、音节奇偶、词频共十种因素。其中，权力、时间、显著性、重要性、积极性、递升六种属语义因素；平仄调序、音节数量、音节奇偶属语音因素。表4-7统计的是汉语并列双项式词序制约因素的词序预测成功率。

表 4-7　汉语并列双项式词序制约因素的词序预测成功率（一）

制约因素	所有双项式		排除语音因素		排除语音和词频因素	
	数量（个）	正确百分比（%）	数量（个）	正确百分比（%）	数量（个）	正确百分比（%）
权力	39	94.87	33	93.94	14	85.71
时间	141	99.29	141	99.29	71	98.59
显著性	197	75.63	182	73.63	90	78.89
重要性	165	100	150	100	62	100
积极性	21	95.24	20	95	4	75
递升	140	95.71	139	95.97	66	78.79
平仄调序	8	88.89				
音节数量	10	90				
音节奇偶	10	80				
词频	398	57.64				

从表 4-7 可以看出，在制约汉语并列双项式的词序因素中，显著性因素活跃的并列双项式在数量上比其他语义因素和语音因素多，有 197 个；平仄调序起作用的并列双项式数量最少，仅 8 个；音节数量和音节奇偶起作用的并列双项式数量也很少，均为 10 个。从词序预测成功率的高低来看，重要性因素最高，在 165 个重要性起作用的并列双项式中，能正确地预测所有词序。根据之前的假设，词频也是制约汉语并列双项式的词序的因素之一，但根据上表，我们发现在所有因素中，词频因素的词序预测成功率最低。在 398 个并列双项式中，词频能正确预测词序的为 57.64%。词频因素的低词序预测成功率表明，在汉语双项式中词频对于词序的制约作用并不明显。显著性因素的词序预测成功率为 75.63%，远远低于权力、时间、递升、积极性、重要性等

其他语义因素，也低于平仄调序、音节数量、音节奇偶等语音因素。

由于汉语双音化现象的普遍性以及汉语中并列双项式有音节数量一致等特点，在所筛选出的398个汉语并列双项式中，只有少量受制于调序、音节多少以及奇偶等语音因素。可见，语音因素对于汉语双项式并列短语的词序制约作用并不明显。但值得注意的是，在语音因素起作用的双项式中，语音因素的词序预测成功率高于语义因素中的显著性因素。

通过以上的分析，我们可将制约汉语双项式的三大因素的制约力由强到弱排列为：语义＞语音＞词频。

鉴于受制于语音因素的双项式数量偏少以及词频因素预测词序的正确率最低，语义因素成为汉语双项式的主要词序制约因素。首先，表4-7显示，除显著性因素的词序预测成功率较低外，所有其他的语义因素都有超过90%的正确率，表明大多数语义因素有较高的词序预测能力，尤其是重要性因素，其词序预测成功率为100%，紧随其后的是时间顺序因素。在时间因素活跃的141个并列双项式中，只有一例（理想＋现实）违背了时间顺序原则，以"理想＋现实"顺序出现的频次共123次，其反序"现实＋理想"出现的频次为29次，可逆度得分为80.92%，表明该双项式为有中度倾向词序的可逆双项式。递升和积极性因素的词序预测成功率大体相当，分别为95.71%和95.24%。但从绝对数量来看，递升因素活跃的双项式数量远远多于积极性因素活跃的双项式数量，前者共140个，而后者只有21个。权力因素也有较高的词序预测成功率，略低于递升和积极性因素，其正确百分比为94.87%。显著性因素的词序预测成功率最低，仅有75.63%。因此，所有语义因素的词序预测能力，若分为三个等级，由强到弱可排列为：重要性＞时间、递升、积极性、权力＞显著性。

尽管语音因素和词频因素对汉语双项式的词序制约力较弱，但仍然起着一定的作用。因此，为更加清晰地考察各语义因素对词序的制约作用，表4－7在列出各因素活跃的双项式数量以及词序预测正确比例的基础上，增加了两项内容：排除语音因素之后的各语义因素活跃的双项式数量及其词序预测成功率，排除语音和词频因素之后的各语义因素活跃的双项式数量及其词序预测成功率。

表4－7显示，排除语音因素后，权力、显著性和重要性这三种因素在数量上有所减少，但其他三种因素的预测成功率并无明显的变化。但是，排除语音和词频因素后，各语义因素不仅在数量上有大幅度的下降，而且在预测成功率上也有较大的变化。重要性因素起作用的双项式从150个减少到62个，减少的幅度最大，但对预测成功率没有影响；时间因素活跃的双项式从141个减少到71个，有近一半的下降幅度，但对预测成功率影响不明显。重要性和时间在未排除语音以及未排除语音和词频之前，在所有语义因素中，均拥有较高的预测成功率，可见，语音和词频对重要性和时间因素的词序制约成功率的影响并不明显。但是，排除语音和词频因素后，权力、积极性以及递升等三项语义因素的词序预测成功率明显下降，分别从最开始的94.97%下降到85.71%、95.24%下降到75%、95.71%下降到78.79%；唯一的预测正确率略微上升的因素是显著性，从75.63%上升到78.79%。

可见，语音和词频因素对权力、积极性以及递升等三项语义因素的词序预测成功率有一定的影响。排除语音和词频因素之后的各语义因素的制约力由强到弱的序列为：重要性＞时间＞权力＞显著性、递升、积极性。与未排除语音和词频前的序列即"重要性＞时间、递升、积极性、权力＞显著性"相比，重要性、时间这两项语义因素在序列中的位置没有发生变化,其他三项的位置都有改变。受积极性因素制约的双项式只有21个,在排除语音和词频因素制约后只有4个,除"战争+和平"1例违背了积极性原则外,其余3例都遵守了该原则。即使在21个受限于积极性因素的双项式中,违背该原则的也仅此1例。因此,词序预测正确率虽然有较明显的下降,但由于数量过少而失去了进一步分析的意义。显著性因素和递升因素在数量上的急剧下降以及词序预测成功率上的明显降低,表明语音和词频因素在由显著性和递升因素作用的双项式中起到了制约作用。

排除语义因素能正确预测词序的所有双项式,由其他因素尤其是语音和词频因素能正确预测双项式词序的百分比只有3.75%,表明制约汉语并列双项式词序的主要因素还是语义因素(见表4-8)。

表4-8 汉语并列双项式词序制约因素的词序预测成功率(二)

制约因素	数量(个)	正确百分比(%)
权力	39	94.87
时间	141	99.29
显著性	197	75.63
重要性	165	100
积极性	21	95.24
递升	140	95.71
其他因素	398	3.75

三 词序制约因素在汉英双项式中的表现

(一)可逆度区间的各语义因素的分布情况以及汉英异同

统计各语义因素与按照可逆度得分划分的四个并列双项式可

逆度分值区间的分布情况,包括双项式的数量以及占该区间双项式的总数,我们可以比较清楚地观察到汉语和英语并列双项式的各语义因素在四个可逆度分值区间的分布情况以及汉英异同。表4-9、表4-10、表4-11和表4-12分别显示的汉英并列双项式中语义因素在可逆度得分100、90—99.99、75—89.99和50—74.99四个区间的分布情况。

表4-9　　可逆度得分100的各语义因素分布情况

	汉语双项式		英语双项式	
	数量（个）	占总数（16）的比例（%）	数量（个）	占总数（79）的比例（%）
权力	1	6.25	8	1.05
时间	12	75	10	12.67
显著性	3	18.75	35	44.3
重要性	3	18.75	16	20.25
积极性	1	6.25	3	3.79
递升	9	56.25	2	2.53

表4-10　可逆度得分90—99.99的各语义因素分布情况

	汉语双项式		英语双项式	
	数量（个）	占总数（137）的比例（%）	数量（个）	占总数（150）的比例（%）
权力	19	13.87	14	9.33
时间	56	40.88	23	15.33
显著性	60	44.3	58	38.67
重要性	52	43.8	31	20.67
积极性	10	7.3	6	4
递升	47	34.31	2	2.53

表4-11 **可逆度得分75—89.99的各语义因素分布情况**

	汉语双项式		英语双项式	
	数量（个）	占总数（115）的比例（%）	数量（个）	占总数（85）的比例（%）
权力	12	10.43	11	12.94
时间	39	33.91	16	18.82
显著性	61	53.04	38	44.71
重要性	55	47.83	19	22.35
积极性	5	4.34	6	7.06
递升	40	34.78	1	1.18

表4-12 **可逆度得分50—74.99的各语义因素分布情况**

	汉语双项式		英语双项式	
	数量（个）	占总数（140）的比例（%）	数量（个）	占总数（84）的比例（%）
权力	5	3.57	5	5.95
时间	33	23.57	14	16.67
显著性	58	41.43	37	44.05
重要性	54	49.09	20	22.35
积极性	4	2.86	6	7.06
递升	39	27.86	2	1.18

表4-9显示，汉语中可逆度得分100的双项式中，受限于时间因素的双项式数量最多，共12个，其次是递升性，共9个，最少的是权力和积极性因素，各1个；英语中受限于显著性因素的双项式数量最多，共35个，其次是重要性，共16个，最少的积极性和递升因素，分别为3个和2个。

表4-10显示，在可逆度得分位于90—99.99区间的汉语双项式中，受限于显著性因素的双项式数量最多，共60个，其次是时

间,共56个,最少的是权力和积极性,分别为19个和10个;英语中也是受限于显著性的双项式数量最多,为58个,重要性居其次,共31个,数量最少的是积极性和递升因素,分别为6个和2个。

表4-11显示,在可逆度得分位于75—89.99区间的汉语双项式中,受限于显著性的双项式数量最多,为61个,其次是重要性,55个,数量最少的是权力和积极性,分别为12个和5个;英语中也是受限于显著性的双项式数量最多,为38个,其次是重要性,19个,数量最少的是积极性和递升,分别为6个和1个。

表4-12显示,在可逆度得分位于50—74.99区间的汉语双项式中,遵循显著性因素的数量最多,共58个,其次是重要性,共54个,数量最少的是权力和积极性因素,分别为5个和4个;英语中也是遵循显著性因素的数量最多,为37个,其次是重要性,为20个,数量最少的是权力和递升因素,分别是5个和2个。

(二)语义因素在各个可逆度区间的分布情况以及汉英异同

表4-13和表4-14分别显示了汉语和英语并列双项式的词序制约因素即权力、时间、显著性、重要性、积极性、递升六种语义因素在可逆度得分在100、90—99.99、75—89.99、50—74.99四个区间的变化情况。

表4-13 制约汉语并列双项式词序的语义因素在可逆度得分区间的分布

	100	90—9.99	75—89.99	50—74.99
权力	1	19	12	5
时间	12	56	39	33
显著性	3	60	61	58
重要性	3	52	55	54
积极性	1	10	5	4
递升	9	47	40	39

表4-14　　制约英语并列双项式词序的语义因素在可逆度得分区间的分布

	100	90—99.99	75—89.99	50—74.99
权力	8	14	11	5
时间	10	23	16	14
显著性	35	58	38	37
重要性	16	31	19	20
积极性	3	6	6	6
递升	2	2	1	2

从表4-13可以看出，受制于权力因素的汉语并列双项式在可逆度得分90—99.99区间数量最多，超过了其总数的50%，其次是75—89.99，可逆度得分为100的数量最少，表明受制于权力因素的双项式超过一半为高倾向可逆的并列短语；受制于时间因素的双项式数量在可逆度得分90—99.99区间的最多，其次是75—89.99，可逆度得分为100的数量最少，但远高于权力因素，两个可逆区间90—99.99和100的双项式数量总和接近于受制于时间因素双项式总量的一半，表明受制于时间因素的双项式接近一半的为不可逆和高倾向可逆的并列短语；受制于显著性因素的双项式数量在可逆度得分75—89.99区间的最多，其次是90—99.99，可逆度得分为100的数量最少，两个可逆度区间75—89.99和50—74.99的双项式数量总和远超过受制于显著性因素的双项式总数的一半，表明受制于显著性因素的双项式大多为中倾向可逆和自由可逆的并列短语；受制于重要性因素的双项式数量在四个可逆度区间的分布情况跟显著性因素的情况大体相当，表明受制于重要性因

素的双项式多数为中倾向可逆和自由可逆的并列短语；受制于积极性因素的双项式数量在可逆度得分90—99.99区间的最多，其次是75—89.99，可逆度得分为100的数量最少，两个可逆度区间90—99.99和100的双项式数量总和超过受制于积极性因素的双项式总数的一半，表明受制于积极性因素的双项式大多为高倾向可逆和不可逆的并列短语；受制于递升因素的双项式数量在可逆度得分90—99.99区间的最多，其次是75—89.99，可逆度得分为100的数量最少，两个可逆度区间75—89.99和50—74.99的双项式数量总和远超过受制于递升因素的双项式总数的一半，表明受制于递升因素的双项式大多为中倾向可逆和自由可逆的并列短语。

因此，若将可逆度得分区间100和90—99.99的双项式视为接近固化的双项式，75—89.99和50—74.99的双项式视为接近自由的双项式，6种语义因素的情况为：权力，20个接近固化，17个接近自由；时间，68个接近固化，72个接近自由；显著性，63个接近固化，119个接近自由；重要性，55个接近固化，109个接近自由；积极性，11个接近固化，9个接近自由；递升，56个接近固化，79个接近自由（见表4-15）。

表4-14显示，受制于权力因素的英语并列双项式在可逆度得分90—99.99区间的数量最多，其次是75—89.99，可逆度得分在50—74.99区间的数量最少，可逆度得分100和90—99.99的双项式数量超过受该因素制约的双项式总数的一半；受制于时间因素的双项式数量在可逆度得分90—99.99区间的最多，其次是75—89.99，可逆度得分为100的数量最少，两个可逆度区间90—99.99和100的双项式数量略超受制于时间因素双项式总量的一半，表明受制于时间因素的双项式一半为不可逆和高倾向不可逆的并列短语；受制于显著性因素的双项

式数量在可逆度得分90—99.99区间的最多，其次是75—89.99，可逆度得分为100的数量最少，两个可逆度区间90—99.99和100的双项式数量超过受制于显著性因素的双项式总数的一半，表明受制于显著性因素的双项式大多为高倾向可逆和不可逆的并列短语；受制于重要性因素的双项式数量在四个可逆度区间的分布情况跟显著性因素的情况大体相当，表明受制于重要性因素的双项式多数为高倾向可逆的并列短语；受制于积极性因素的双项式数量在可逆度得分区间90—99.99、75—89.99以及50—74.99的数量相同，均为6个，可逆度得分为100的双项式数量只有3个，两个可逆度区间75—89.99和50—74.99的双项式数量总和超过受制于积极性因素的双项式总数的一半，表明受制于积极性因素的双项式大多为中倾向不可逆和可逆的并列短语；受制于递升因素的双项式数量在四个可逆度区间的差异不明显。

因此，若将可逆度得分100和90—99.99区间的双项式视为接近固化的，75—89.99和50—74.99的双项式视为接近自由的，6种语义因素的情况为：权力，22个接近固化，16个接近自由；时间，33个接近固化，30个接近自由；显著性，92个接近固化，75个接近自由；重要性，47个接近固化，40个接近自由；积极性，9个接近固化，12个接近自由；递升，4个接近固化，3个接近自由（见表4-16）。

（三）制约并列双项式词序的语义因素接近固化和接近自由的概况

从表4-13、表4-14、表4-15、表4-16可以看出，权力、时间、积极性这三种语义因素在接近固化和接近自由的双项式数量上相差不明显，显著性因素和重要性因素在接近自由和接近固化的双项式数量上相差明显，二者均是接近固化的双项式数量远少于接近自由的数量，表明这两种语义因素限制的双项式固化程度较低。在汉语中，重要性因素和显著性因素是导致汉语并列双项式的词序接近自由的主要因素，其后依次是递升、时间、权力，最后是积极性。

因此，将可逆度得分考虑在内，导致汉语并列双项式的词序自由的语义因素的排序为：重要性＞显著性＞递升＞时间＞权力＞积极性。反过来，导致并列双项式的词序固化或不可逆的语义因素的排序为：积极性＞权力＞时间＞递升＞显著性＞重要性。

与之前表4－8提供的预测词序能力的各语义因素的由强到弱的排序即"重要性＞时间＞递升＞积极性＞权力＞显著性"比较，可以看出，重要性因素虽然能完全正确地预测并列双项式的优势词序，但受其限制的双项式总体固化程度低于受其他因素限制的双项式固化程度；受显著性因素限制的双项式总体固化程度低于其他语义因素，但同样受该因素限制的双项式固化程度也不高，说明显著性因素既不能很好地预测词序，也不是导致并列短语接近固化的主要因素。原因可能在于显著性作为一种排序因素，跟短语的固化无关，且随语言、文化的不同而不同，比如汉语中整体先于部分，英语中则是部分先于整体。重要性和显著性是导致双项式词序自由的主要因素。换句话说，并列短语若依照重要性或显著性因素排序，更有可能变得自由，反之则有可能变得固化；并列短语若依照权力或积极性因素排序，更有可能变得固化，反之则更有可能变得自由。

表4－15和表4－16反映的是汉语并列双项式词序制约的语义因素接近固化和接近自由的概况。

表 4-15　　制约汉语并列双项式词序的语义因素接近
固化和接近自由的概况

	权力	时间	显著性	重要性	积极性	递升
接近固化（个）	20	68	63	55	11	56
接近自由（个）	17	72	119	109	9	79
接近固化百分比（%）	54.05	48.57	34.62	33.54	55	41.48

表 4-16　　制约英语并列双项式词序的语义因素接近
固化和接近自由的概况

	权力	时间	显著性	重要性	积极性	递升
接近固化（个）	22	33	92	47	9	4
接近自由（个）	16	30	75	40	12	3
接近固化百分比（%）	57.89	52.38	55.09	54.02	42.86	57.14

表4-15、表4-16显示，权力、时间、积极性和递升四种语义因素在接近固化和接近自由的双项式数量上相差不明显。在英语中，积极性因素是导致并列双项式的词序接近可逆或自由的主要因素，其后依次是时间、重要性、显著性、递升，最后是权力。

因此，将可逆度得分考虑在内，导致并列双项式的词序自由的语义因素的排序为：积极性＞时间＞重要性＞显著性＞递升＞权力。反过来，预测并列双项式的词序固化或不可逆的语义因素的排序为：权力＞递升＞显著性＞重要性＞时间＞积极性。

与之前提供的各语义因素的词序成功率由强到弱的排序即"递升＞时间（象似性）＞积极性＞重要性＞显著性＞权力"比较，可以看出，递升因素既能比较正确地预测英语并列双项式的优势词序，限制的双项式总体固化程度也较高。但由于受递升因素限制的英语并列双项式数量最少，其在影响双项式排序中的作用有限。权力因素虽然预测双项式优势词序的成功率最低，但较其他因素而言，是预测并列短语接近固化的最主要因素。换句话说，并列短语若依照权力因素排序，更有可能固化，反之则更有可能变得自由。权力是预测英语并列双项式固化的最主要因素这一结论与 Mollin（2012）研究中的结果和推断一致。

另外，我们发现，时间和积极性因素处在层级的最末端，表明这两种因素在预测短语固化方面的能力最差。换句话说，并列短语若依照时间或积极性因素排序，更有可能变得自由，反之则更有可能变得固化。

第五节 汉英双项式并列短语的词序制约因素的制约力异同

本节在上一节初步分析基础上，基于以上的表格以及附录中的相关表格，比较词序制约因素在汉语和英语双项式并列短语中的词序制约力强弱以及在预测短语固化能力方面的相同之处和相异之处。

一 相同之处

汉英并列双项式的词序制约因素的共同之处有以下几点：一是较语音和词频因素而言，语义因素占主导作用；二是从语义因素的层级上看，语义因素中时间因素和递升因素在汉语和英语中都有很高的词序预测成功率；三是词频因素制约词序的作用不明显；四是权力因素是最能预测汉语和英语并列双项式固化的因素。

首先，表4-7、表4-8、表4-9等相关表格显示，在制约汉语和英语并列双项式词序的语义、语音、词频三大因素中，语义因素是预测双项式优势词序最成功的因素。就英语方面而言，表4-5显示Mollin的研究中权力、象似性（时间）、心理标记性和形式标记性四项语义因素的词序预测成功率分别为83.78%、95.38%、91.20%、86.67%；表4-6显示本书中权力、时间（象似性）、显著性、重要性、积极性、递升六项因素的词序预测成功率分别为80.43%、98.44%、88.36%、90.72%、90.91%、100%。表4-7显示汉语并列双项式中，权力、时间（象似性）、显著性、重要性、积极性、递升六种语义因素的词序成功率分别为94.87%、99.29%、75.63%、100%、95.24%、95.71%。而其他两种因素，即语音和词频因素的词序预测成功率都较低，汉语和英语分别为3.75%、24.06%。因此，语义因素，较其他两种因素而言，是制约并能最成功地预测并列双项式词序的主要因素。

其次，相关表格和数据显示，就语义因素的层级而言，汉英并列双项式词序制约因素的共同点表现在时间因素和递升因素都有较高的词序预测成功率上，汉语中分别为99.29%、99.71%；英语中分别为98.44%、100%。汉语中，受限于时间因素的双项式在很大程度上也有语义上的逐步上升，这是因为汉语有在真实的时间里创造想象的顺序的特点。本书中的汉语并列双项式既有遵循真实时间顺序原则的，也有遵循想象时间顺序和推断时间顺序原则的。同时，遵循想象时间顺序和推断时间顺序的并列双项式在语义上表现出由浅到深的特点，遵循递升原则，体现了时间顺序原则和递升原则的和谐性。如"教育+启发"、"组织+宣传"、"拥护+支持"、"认识+理解"、"影响+制约"、"分析+评估"、"修改+补充"、"恢复+建立"、"培养+选拔"、"支持+资助"、"影响+带动"、"教育+鼓舞"、"学习+宣传"、"预防+治疗"、"学习+深造"、"恢复+重建"等。在所选的 398 个高频英语并列双项式中,也有部分双项式既遵守时间顺序原则,也符合语义递升原则,如"knowledge and understanding"、"growth and development"、"research and development"、"advice and assistance"等。

再次,词频在预测双项式并列短语的优势词序中的作用在两种语言中均不明显。Mollin(2012)的数据显示,在 544 个并列双项式中,词频因素能正确预测词序的百分比为 65.07%,远远低于各语义因素的词序预测正确率,而进一步的研究表明,词频的预测词序能力不仅低于语义因素,也低于音节数量、避免出现连续不断弱音节以及避免末尾重音等音律因素。本书也证实了完全由词频或语音因素预测英语并列双项式词序的正确率仅有 24.06%。在 398 个并列双项式中,词频的预测词序成功率为 57.64%。排除语义因素,能完全由词频或语音因素预测词序的比例只有 3.75%。因此,跟英语相似,词频预测汉语并列双项式的词序的正确率也较低,制约作用较小。

最后,权力是导致汉语和英语并列双项式固化的主要因素。从表 4-13 至表 4-16 中的相关数据可以看出,在汉语中,受权力因素限制的并列双项式中有 54.05% 的属于高倾向可逆和不可逆双项式,明显高于除递升因素以外的其他因素的这一比例,说明汉语并列双项式若依照权力因素排序,更有可能固化;反之,不依照权力因素而依照其他因素排序,尤其是显著性和重要性因素,双项式更有可能自由。在英语中,受权力因素限制的并列双项式中有 57.89% 的属于高倾向可逆和不可逆双项式,略高于其他语义因素的这一比例,说明英语并列双项式若依照权力因素排序,更有可能固化;反之,不依照权力或递升因素而依照其他因素排序,尤其是时间和积极性因素,双项式更有可能自由。

二 相异之处

通过表4-1至表4-16以及附录中的相关表格,不难看出词序制约因素的词序预测成功率以及词序制约因素预测双项式固化的能力在汉英并列双项式中有不同之处,主要表现为以下五个方面:就固化程度而言,汉语双项式并列短语的固化程度总体上低于英语双项式并列短语;语义因素对汉语并列双项式词序的制约作用强于对英语并列双项式词序的制约作用,语音因素对英语并列双项式词序的制约作用强于对汉语并列双项式词序的制约作用;时间顺序因素对汉语并列双项式词序有普遍的制约作用;重要性因素预测汉语并列双项式的优势词序正确率高于其他因素,也高于预测英语并列双项式的优势词序正确率,但不能预测短语固化;权力因素能更好地预测汉语并列双项式的固化。

第一,就固化程度而言,汉语的双项式并列短语的固化程度总体上低于英语的双项式并列短语。从表4-2和表4-3可以看出,在汉英各自398个并列双项式中,汉语中不可逆的双项式数量只有16个,而英语有79个,高倾向某一词序的可逆双项式汉语中有137个,英语中有159个。汉语中属于中倾向某一词序的可逆双项式和自由式可逆双项式在数量上明显多于英语对应项的数量。因此,汉语并列双项式总体固化程度低于英语,也就是说,汉语双项式的词序自由度更高。其中一个重要原因在于汉语中并列双音化现象的普遍性使得不少以前是单音词构成的并列双项式已经词汇化,从而不在本书的研究范围(详见第五章)。相反,英语由于并列复合造词数量极少,英语并列双项式中也有不少相当于汉语并列复合词的凝固成对词,仍然是短语。因此,固化成对词的普遍存在增加了英语并列双项式在整体数量上的固化程度。另外,语音对英语并列双项式词序的影响非常明显,也促成了不少固化的双项式，如"black and white"、"deaf and dumb"、"friut and vegetables"、"costs and benefits"等不可逆或高倾向可逆的并列短语（详见第五章）。

第二，语义因素对汉语并列双项式词序的制约作用强于对英语并列双项式词序的制约作用，语音因素对英语并列双项式词序的制约作用强于对汉语并列双项式词序的制约作用。表4-7和表4-9显示，汉语中受语义外其他因素制约词序的双项式只有3.75%，而英语中的这一数据为24.06%，表明语义因素对汉语并列双项式的制约作用较英语更加明显。原因可能在于两点：一方面从初步的统计来看，英语并列双项式完全固化的数量远远超过汉语相应的数量；另一方面，汉语双音词汇化使得不少单音字组成的双项式已经凝固成词，除去这一部分，由双音词构成的汉语并列双项式绝大部分为可逆和自由词序的短语。因此，完全就双项式并列短语而言，汉语的固化程度在总体上不如英语的固化程度。另外，英语中有不少由语音因素限制词序的并列双项式，而汉语中的并列双项式，如前所述，受双音词汇化的影响，形成的绝大多数并列短语已不再受语音的制约。汉语中，单音字组成的并列短语已经为数不多，即使有，一般也是低频短语。

第三，在汉语并列双项式中，时间顺序因素尽管在词序预测成功率方面不及重要性因素，在预测双项式固化方面也不及权力因素，但时间顺序因素却对汉语并列双项式词序有普遍的制约作用。这也印证了谢信一（1991）提出的观点的正确性：汉语并列双项式的时间顺序原则不仅体现为真实时间顺序原则，也有大量的想象时间顺序和推断时间顺序。本书中，有141个汉语并列双项式的词序受时间顺序制约，而英语只有64例。在汉语的这141例中，有遵循真实时间顺序原则的双项式，但同时也有许多遵循非真实时间顺序原则，即想象和推断时间顺序原则的双项式。跟真实时间相比，想象和推断时间具有循环性、相对不稳定性、易变化等特点。因此，遵循时间顺序原则的大多数汉语并列双项式的可逆度得分是在100以下，尤其是在可逆度得分位于75—89.99区间的居多（见表4-13）。英语中的并列双项式多数遵循的是真实时间顺序原则，不可逆的可能性更大。也正是由于这个原因，受该因素制约的英语并列双项式在整体固化程度上高于汉语。

第四，重要性因素预测汉语并列双项式的词序正确率高于其他因素，也略高于预测英语并列双项式的词序正确率。重要性因素在两种语言中，都表现出较高的预测词序能力。汉英并列双项式均遵循重要先于次要这一词序原则，在汉语中体现得尤其明显。在165个汉语双项式中，重要性原则能正确地预测所有双项式的优势词序。

第五，权力因素较其他因素而言，能更好地预测汉英并列双项式的固化。经过相关数据对比，发现权力因素能更好地预测汉语并列双项式的固化。表4-15和表4-16显示，尽管权力在汉语和英语中都是导致并列双项式能预测固化的主要因素，但汉语中权力因素预测并列双项式固化的能力更加明显。

本书也证实了汉语并列双项式词序涉及整体与部分关系时，一般采用整体先于部分的词序原则，英语则相反。辜正坤（2004）指出，中国人重整体，重集体，在思维模式上是由大到小。中国人的思维倾向于从宏观到微观，把自己的地位放在国家与单位之后。西方人刚好相反，重局部，重个人，在思维模式上是由小到大，从微观到宏观。中国人的"由大到小"的思维模式和西方人"由小到大"的思维模式只是各自民族具有的主要倾向，不是绝对的，也并非统统如此，主要区别是程度问题。本书的语料库研究充分证实了这一点。就整体与部分的先后而言，汉语多数并列双项式遵循整体先于部分原则,但也不乏部分先于整体的例子;英语多数并列双项式遵循部分先于整体的原则,但也有整体位于部分之前的例子。可见,显著性原则因民族和文化的差异而发生改变。

第五章　词序制约因素在汉英中的异同及语境对词序的制约

基于第四章语料库研究的结果，本章着重分析词序制约因素在汉英并列双项式中的作用异同，同时阐释同一语言内部导致劣势词序凸显的原因之一，即语境的制约作用。

导致不同语言呈现出来的相似和差异，有语言内部的原因，也有认知、文化等方面的原因。就本论题研究的并列双项式的词序制约因素而言，表现出来的相同点和不同点，一方面反映了不同语言内部存在的相似与差异，另一方面也跟语言外部的认知和文化的异同密切相关。

词序制约因素在汉英双项式并列短语中制约力的相似和差异，在很大程度上跟两种语言的自身特点、认知以及民族文化的特点有关。本书从这三个方面分析以上语料库研究发现的词序制约因素的制约力在两种语言中的异同。

第一节　语言本体

从前面的语料库研究中可以发现，语音和语义在汉英并列双项式中的地位和作用有一致的地方。但是，由于语言本身的特点，我们也发现，语义制约因素对汉语并列双项式的制约作用明显强于对英语并列双项式的制约作用;语音因素对英语并列双项式的制约作用强于对汉语并列双项式的制约作用。

汉英语言本身的特点是导致词序制约因素在两种语言的并列双项式中的表现出现相似与差异的主要原因。本节从汉英在并列连词系统上的异同、"意合"与"形合"、词汇化程度以及固化程度四个角度分析。

一 汉英并列连词系统上的异同

汉英并列连词设立标准的异同,在一定程度上影响并列双项式的整体固化程度。石毓智(2006:134)通过分析英汉并列结构的语法共性与个性,指出了英汉语言中并列结构的共同点在于都有合取连词和析取连词两大类,但是,在并列连词数目的多少和功能上存在差别。英语的合取连词和析取连词设立标准较简单,只要求所连接的成分具有平等的语法地位。然而,汉语的合取连词和析取连词较复杂,不仅要求并列项具有平等的语法地位,而且还受词性和语言单位层级的限制。名词性成分和谓词性成分要求使用不同的连词连接。石毓智(2006:134)将英汉并列连词系统上的差异概括为下表:

表 5-1　　　　　　　英汉并列连词设立标准的异同

	英语	汉语
语法地位平行	是	是
词性类别限制	否	是
单位层级限制	否	是

英语中并列词组中前后两项可表示统一的主从概念,虽然由"and"连接,形式上是并列关系,意义上却是主从关系,这和

汉语并列短语"意义优于形式"的原则是不一样的。如"bread and butter"（涂奶油的面包）、"carriage and pair"（两匹马拉的车，双马车）、"lock and key"（带钥匙的锁）等，均表示前主后从的关系。在这些例子中，"and"的含义相当于"with"。此外，英语并列词组的两项还可以表示统一的概念，"iron and steel"（钢铁）、"meat and drink"（酒肉，比喻酷爱之物）、"waste and poison"（污染物，废弃物）、"time and tide"（时机、岁月）等。这些英语并列短语实际上已经固化，词序大多不可逆，类似于汉语中的并列复合词。可见，这类并列短语跟汉语的并列短语相比，从并列项的语义上看，比较特殊。语义是促成上述英语并列短语的固定词序形成的主要原因。

汉语并列双项式中并列项的地位无论在语法还是语义上都是平等的，大多可以自由换位，从而导致整体上汉语并列双项式的固化程度低于英语并列双项式的固化程度；与之相反英语并列双项式中的并列项在语义上不一定平等，不能自由换位，从而导致整体上英语并列双项式更固化。

二 汉语的"意合"和英语的"形合"

语义因素在汉英并列结构中的制约作用明显这一共同点可以用语言系统的要素和核心来解释。在构成语言系统的要素中，语义是核心。尽管冠以"认知语法"的名号，认知语言学以语义为研究核心。认知语言学认为，语言的基本功能是象征，是用语音来象征概念的过程（季永兴，2010：141）。语法是有内在意义（或）象征性的组成部分，跟语义和语音相连接，是概念化的过程。词序作为一种语法手段，连接并列概念中的语义和语音。Langacker（1987）提出人具有五种一般的认知能力：（1）凝固化（entrenchment）或自动化（automation）能力；（2）抽象能力（abstraction）；（3）范畴化能力（categorization）；（4）组合能力（compostion）；（5）符号化能力（symbolization）。这些认知能力影响和制约着语义，从而形成不同的语法和规律。语言就是靠这些认知能力进行组织的。在语言这个庞大的网络中，凝固化程度不一、抽象层次不同的各种语言结构以一定的范畴化形式、组合关系以及符号化关系连接在一起。可见，语义跟认知相关，在语言和语言研究中占据重要的地位。因此，语义自然对语法有很强的制约作用，对并列双项式词序也不例外。

鲁川（1998：82）认为，世界上各民族的语言按照其思维方式和编码体系可以分为两种类型：以英语为代表的"句法型语言"，以汉语为代表的"语义型语言"。"句法型语言"的主要特点之一是语言单位的组合手段是"形态变化"（inflection）；"语义型语言"的主要特点之一是语言单位的组合手段是"意合法"（semotactics）。

汉语和英语的词语合成方式的不同是导致语义因素和语音因素对汉英并列双项式词序制约作用差异的主要原因，同时也可以部分地解释汉语并列双项式的整体固化度不如英语这一现象。一般来说，就词语或分句的连接方式而言，汉语大多采用"意合"（parataxis），英语则倾向于"形合"（hypotaxis）。所谓"意合"，指的是词语或分句之间不用语言形式手段连接，其中的语法意义和逻辑关系通过词语或分句的含义表达（连淑能，2010：73）。《世界图书大辞典》（*The World Book Dictionary*）将"意合"定义为："The arranging of clauses one after the other without connectives showing the relation between them. Example: The rain fell; the river flooded; the house washed away."所谓"形合"，指的是词语或分句之间用语言形式手段连接起来，表达语法意义和逻辑关系的组词造句方式（连淑能，2010：73）。《美国传统词典》

(*The American Heritage Dictionary*)对"形合"的定义为:"The dependent of subordinate construction or relationship of clauses with connectives, for example, I shall despair *if* you don't come."

汉语的组词造句主要采用意合法,具有注重隐性连贯(implicit coherence),注重时间和事例顺序,注重功能、意义和以意驭形等特点。正如连淑能(2010:78)所言:汉语是重意会的语义型语言。语义在汉语中的地位比在英语中突出。语料库研究发现的语义因素对汉语并列双项式的制约作用强于英语,主要是因为汉语组词方式上更倾向于"意合",这也跟前面文献综述中提到的邓云华博士学位论文(2004)中的观点一致,即语义亲近性是并列短语并列的基础,汉语并列短语具有"意义大于形式"的特点。

英语注重显性衔接(explicit cohesion),注重的是形式和结构完整,讲究以形取义。由此可见,英语是重形式的语法型语言(连淑能,2010:74)。美国翻译学家奈达(Nida,1982:16)认为,汉语和英语在语言学上最重要的一个区别就是形合和意合的不同。即使在短语或词组层面,汉英并列双项式也多按"意合"排序;英语中"意合"虽然对并列双项式的词序的制约力也较强,但由于英语是表音文字,在短语或词组层面还受语音和形式的约束,语义因素的制约作用不如在汉语中表现得那么明显。

汉语更注重语义的亲近性,英语更重形式。汉英两种语言的这一特点,在一定程度上导致了语义、语法和语音因素在制约并列双项式词序中的作用不同。同时,由于汉语组词倾向于"意合",并列双项式呈现出连接手段不一、比较灵活的特点;英语组词倾向于"形合",注重形式,连接手段比较固定、单一。

三 词汇化程度

汉语词汇的发展历史显示汉语并列短语存在大量的双音词汇化现象。然而，英语中并列构词并不发达。因此，在英语中一些以短语出现的并列双项式在汉语中已经固化成词，从而被排除在本研究的范围之外。这也可以部分地解释相关数据显示的汉语并列双项式的固化程度较低这一特点。在英语等有重音模式和形态变化等形式标准的西方语言中，词和短语的区别是显而易见的。然而，汉语由于缺乏必要的形式标记，词和非词的划界是一个难题。困难之处主要在于词和短语的区分上，尤其是大部分双音词是从短语演变而来，短语是双音词最主要的来源。历史文献中的材料证明，汉语中五种基本的短语类型，即并列短语、偏正短语、动宾短语、主谓短语、述补短语，都有可能降格为词（董秀芳，2011：34）。也就是说，汉语中，短语的词汇化是普遍的现象。

汉语中大量复合词的存在是其语言的一大特色。据统计，汉语中双字组合词占《现代汉语词典》条目总数的 67.625%（周荐，1999）。而双音节词的绝大部分又是复合词。朱德熙（1982：33）在谈到汉语构词法和句法之间的关系时指出："汉语复合词的组成成分之间的结构关系基本上是和句法结构一致的。"汉语复合词的构成比较自由。词语和词语组合在一起成为复合词，不需要任何标记，类型也比较丰富。汉语中复合词的构成跟句法结构一致，也就是说，汉语复合词的构词法是基于句法的，构词法和句法受同样规律的支配。汉语复合词的内部构造在很多情况下决定了整个词的语法功能。因此，汉语的复合词是句法结构的词汇化。这也证实了 Givon（1971：413）的著名论断：今日的形态就是昨日的句法（Today's morphology is yesterday's syntax)。汉语句法的丰富多样,导致了复合词数量的丰富。由并列造词法构成的双音复合词在汉语中占有相当的比例。如"花草"、"车马"、"灯火"、"烦恼"、"尊严"、"长短"、"调查"、"安慰"、"重叠"、"安静"、"轻松"、"平安",可以构成名词、动词、形容词等。跟其他语言相比,汉语复合词的数量和类别都是最丰富的(石毓智,2006:244)。

王珏在《现代汉语名词研究》(2000)中将并列式名词按照构成名词的语素之间的关系,分成同义语素、反义语素、近义语素、远义语素、偏义语素五大类:

(1) 同义语素:"人民"、"朋友"、"英雄"、"朋党",等等。

(2) 反义语素:"大小"、"长短"、"高低"、"上下"、"宽窄"、"深浅"、"多少"、"贵贱",等等。

(3) 近义语素:"首领"、"骨肉"、"手足"、"手脚"、"首尾"、"嘴脸"、"眉目"、"眉眼",等等。

(4) 远义语素:"版图"、"纲领"、"杠杆"、"枢纽"、"编译"、"编辑"、"检讨"、"建筑",等等。

(5) 偏义语素:"兄弟"、"国家"、"任务"、"窗户"、"质量"、"狐狸"、"舟楫"、"恩怨",等等。

可见,单单并列复合名词在汉语中就为数不少。

然而,就复合词而言,英语的情况有所不同。英语复合词的内部构造在整体上不影响其整体语法特征,比如名词复合词"blackbird"具有名词的一切特征,动词复合词"overcome"也具有动词的所有语法特征,有时、体、人称等屈折变化。英语复合词构造的一个规律,即"右中心"(right‑headedness)决定了整个复合词的词性与合成词右边的词根的词性相同。同时,"右中心"也决定了英语中鲜有并列关系的合成词。汉语没有这条规律的限制，而汉语复合词没有一个固定的中心，词素的词性不决定整个词的词性。并列复合词大量存在，词素和整个词的词性之间也没有对应关系。比如，可以是名词和形容词一起构成形容词，如"雪白"、"漆黑"等，也可以是两个形容词叠在一起构成新的形容词，如"干净"、"平安"等。除此之外，汉语复合词的语序与句法语序具有一致性，这也证明了汉语的复合词构词法来源于句法。而英语则有所不同。英语的基本语序为 SVO，但是以名词和动词构成的复合词词序则为 OV，例如汉语中的"吃人动物"在英语中的对应表达为"human-eating animal"。

范畴的原型观认为，语言范畴不是整齐划一、截然区分的，相邻范畴之间往往互相重叠。正如王力（1953）所言，词和短语之间没有绝对的界限。并列结构中，有些成员已经彻底词汇化，不再具有短语的特性，成为并列复合词的典型成员；而大量的结构处于变化过程之中，既有短语的性质，也带有词的某些属性。词的属性多于短语性质的，可看作并列复合词的较典型成员，也是并列短语中的非典型成员。由于短语和复合词之间属于相邻范畴，并列短语和并列复合词之间难免存在千丝万缕的联系。一般来说，典型的词和短语在意义上的差别主要在于整体意义是否可以通过组成部分的意义和结构进行预测。词的意义不能由其组成部分的意义和结构关系进行推导，而短语的意义则可以。然而，并列式复合词尤其是并列式双音复合词和并列短语之间的差别往往不能据此进行区分。这是因为并列式双音词的整体意义看起来似乎是并列成分意义的相加，因此与短语在语义构成上的差异不明显。并列式作为汉语中常见的复合词构词模式，能产性较高，数量上占据了较大的比例。在汉语中，并列复合词普遍存在。但是，英语等印欧语系语言中并列复合词(尤其是并列式复合动词)极为罕见(Anderson,1992:316),只有如"bittersweet"(又苦又甜)、"Anglo-American"(英美的)等少量词语。

四 固化程度

如前所述,汉语中的部分并列结构词汇化,成为并列复合词,少数成为固定语或固定词组。英语由于并列复合造词的缺乏,并列结构的词汇化可能性小,一般会习语化,成为固定表达,属于固定语或者成对词的范畴,这也是导致英语并列双项式固化程度总体上高于汉语的一个原因。

汉语和英语并列短语的习语化表现在习语的结构形式、构成成分、构成成分的结构关系、词序的稳定性以及意义形成的途径等方面有较大的区别。就成对词的结构形式而言,英语中的成对词单一,主要依赖"and"连接,而汉语成对词的结构形式相对复杂,可分为两大类(曹炜,2004:32),一类是"无所依托式",即不借助任何形式而仅依赖语序,如"冰箱彩电"、"洋房美钞"等;另一类为"有所依托式",即需要借助于一些框架才能形成成对表达,如"左……右……"、"七……八……"、"上……下……"、"前……后……"等框架形成的固定表达。但由于本书并未将后者抽出语料库定量研究范围,因此在一定程度上影响了对汉语并列双项式的总体固化程度的认知。

汉英成对词内部词序的稳定性也有差别。英语成对词词序固定,一般不能随意变换,如"chop and change"、"up and down"等,位置都是固定的。而汉语的成对词有时允许有限的换位,尤其是无所依托式的成对词,如"金钱美女"——"美女金钱"。

总之,汉语和英语中并列短语并不存在一一对应的关系。也就是说,汉语中可看作并列短语的结构,在英语中可能是一种固定表达，成为习语；而英语中为并列短语的结构，在汉语中未必是并列短语，可能是复合词。这些情况表明，各种语言表达同一概念的方式有所不同。其原因在于民族的认知心理、文化习俗以及语言本身的造词方式存在差异（见下文）。

第二节 认知

认知语言学理论认为，语法结构不是一套自足的系统，而是一个相对独立而开放的形式系统。人类的认知活动对大脑中的语义内容进行加工，形成抽象的概念，然后以概念向外表达，形成构式，不断作用于语法系统，固化语言；反过来，相对独立的语法系统也影响甚至制约人们的认知活动。认知语言学的两个承诺，概括性承诺和认知承诺，其目标就是通过人类的认知过程概括性地解释语言现象。就并列结构而言，就是要用认知过程说明语言中并列结构是如何形成的、并列项的顺序有什么动因驱使等。就并列短语并列项的词序而言，由于现实与语言的对应不总是线性的，词序作为相对独立的语法系统的重要手段，作用于认知，同时也受现实规则和认知思维的影响。因而，词序形成的理据部分是语言系统使然，而其余部分必须要到语言外部去寻找。语法和语义密不可分，词序影响语义的表达，词序原则和语义结构之间存在对应关系。同一语言内部并列短语词序的变化跟语义、语用密切相关；不同语言中并列短语词序的同异体现的是认知的共性和个性。认知视点在不同民族中的差异性决定了同样的词序原则在不同语言中的具体表现形式可能不一样；认知的选择性决定了某种词序原则在一种语言中有反映，而在另一种语言中根本不存在。

一 认知视点

时间因素和递升因素在汉语和英语中都有很高的词序预测成功率，这一共同点反映了两种语言中并列结构绝大多数依照时间先后顺序和程度由浅到深的发展规律排列。然而，各种词序原则，如时间顺序原则等，也只能是一种倾向性（徐通锵，1994）。本研究发现，两种语言中的并列双项式均有违反时间顺序原则的语例，如汉语中的"理想+现实"，英语中的"TV and radio"，这两个并列双项式都涉及时间的先后顺序，但其优势词序并不是"现实+理想"和"radio and TV"，可见，并未完全遵循时间顺序原则。此外，石毓智（2000：4）提到这样一种非线性的现实现象：比如看到一只狗正在追赶一个小孩，事件的参与者未涉及时间问题时，在言语流中必须有先后之分，要么为"狗咬小孩"，要么为"小孩被狗咬"。究竟采用哪种词序，跟说话者的认知视点或者顺序有关，与实际情况并不完全对应。

就前文提到的与权力原则紧密相关的"我第一"原则而言，一般来说，人自以为是"宇宙的中心"、"万物的尺度"，所以总是以自身的标准来审视世界。在观察世间万事万物时，总以"我"为"典型说话人"（文旭，2001）。这种以"我"为"典型说话人"的认知视点在许多语言中都大量存在，汉语和英语也不例外。权力是预测汉语和英语并列双项式固化的主要因素，原因就在于两种语言中都以"我"作为"典型说话人"充当认知视点，具有一致性，都将接近自身的事物最先加以表达。

但是，对于里外的空间感知以及循环的事物，人们的感知会受到认知视点的影响，导致词序的自由。比如，就里外的空间感知而言，人们通常有两种不同的视点。当说话人位于物体外部时，外部与其更接近，往往先感知外部，后感知内部；相反，当说话人位于物体内部时,先看到的是里面,后看到外面。这两种不同的认知视点决定了汉语和英语的并列结构中既有体现"由里到外"的顺序结构,也有反映"由外及里"的顺序结构。"由里到外",如"内部和外部"、"里面和外面"、"进来和出去"、"in and out"、"come and go"等;"由外及里",如"鞋袜"、"口舌"、"skin and bone"等。此外,对于循环的事物,人们的感知顺序也会发生一定程度的变化,如汉语语料库中,以"白天+黑夜"顺序出现的次数为319,为优势词序,也有"黑夜+白天"顺序,出现次数为26,为劣势词序。同样,英语语料库中,以"day + night"顺序的出现的次数为306,以"night + day"顺序出现的次数为109。两种词序在汉英并列结构中同时存在,反映了认知视点往往不是唯一的。

二 认知显著性

就视觉感知而言,大的事物通常较小的事物更容易被感知,这在英语和汉语中表现出一致性,如汉语中通常"大"排在"小"之前,英语里"big"位于"small"之前。然而,就空间感知而言,由于被感知事物的认知显著程度的不一以及各民族文化的倾向性,汉英并列结构的词序既有相同之处,也有不同之处。

"上"和"下"作为最基本的空间概念,在世界各国的语言中,"上"的显著性高于"下",因此,排序上,"上"在前,"下"在后。除"上下"、"上上下下"等表达外,汉语中不乏"上"在前,"下"在后的并列词语,如"承上启下"、"欺上瞒下"、"上山下乡"、"能上能下"、"上刀山下火海"等。"天"与"地"之间的空间位置关系,犹如"上"和"下",因此,汉语中有"呼天号地"、"喊天哭地"、"铺天盖地"、"冰天雪地"等"天"在前、"地"在后的并列词语。此外,"前"、"后"维度的不对称使得二者在显著性上差异明显。汉语中"前怕狼,后怕虎"、"前不挨村、后不着店"等就是前后维度非对称性的体现。人的视觉方向总是向前。因此,在语言的线性上,前面的事物和现象有显著性,总在前。除"前后"、"前前后后"这些词语外,汉语中的由"前"、"后"组成的许多固定表达也充分说明了汉语中前后不对称、"前"在先的排序倾向,如"前街后巷"、"前因后果"、"前赴后继"、"惩前毖后"、"空前绝后"、"思前想后"、"鞍前马后"、"瞻前顾后"、"承前启后"、"台前幕后"、"饭前便后"、"房前屋后"等。在英语中,也遵循先高后低、先上后下的原则,如"ups and downs"(浮沉、盛衰)、"top and bottom"("顶点和底端")、"tooth and nail"("竭尽全力")、"heaven and earth"(天和地,宇宙)等。按照前后排序规律的并列词组也不少,如"front and back"(前后)、"front and rear"(前后)、"bow and stern"(船头和船尾)等。

横向和纵向在线性顺序上也呈现出不对称,一般按照先纵后横的顺序进行排列,如"高度和宽度"(height and width)、"高大魁梧又英俊"(high, wide and handsome)等。提到方位时,汉语"东西"先于"南北",是"东南"、"东北"而非英语中的"southwest"、"northwest"("南东"、"北东")。汉语充分体现了先纵后横的顺序。

由于左右维度在空间感知上缺乏显著性,词序的选择一般来说跟该语言本身以及语言所处的文化传统相关。以"左右"为例。同一概念由于文化内涵的不同,也会导致在词序上的差异。汉文化中,左右与东西对应,而东方在汉文化中是尊位,因而左位也相应成为尊位,成为先左后右的序列(张军,2004)。而英语中,由于"right"一词还有"好、正确"等含义,"left"则有"不好、笨拙"等贬义,所以左右并举的时候,多少受到褒贬义的影响,按先右后左排列,这一排序可看作遵循积极性原则的结果。同时,语音也影响了"left"和"right"的相对次序,"right"位于"left"之前,符合音节开口度前开后闭的原则。对应汉语语料库中,以"左+右"顺序出现的双项式次数为28634,而其反序"右+左"出现的次数仅为1;在英语语料库中,以"left and right"顺序出现的双项式次数为104,其反序出现的次数为18。

三 临摹程度

本研究发现,在词组层面上,汉语比英语更充分地体现了时间顺序原则,从一个侧面证实了汉语是临摹度极高的语言。虽然戴浩一提出的顺序原则(PTS)是广泛的临摹现象,但 Haiman(1980)指出,在世界上各种语言中,这种临摹现象并不是普遍的,或者说临摹度不一。一般认为,世界上各种语言的语序不尽相同,尤其是在小句层次上,都有各自的偏好词序(Preferred word order),原因在于存在与临摹原则相竞争的抽象原则(谢信一,1992;严辰松,1997)。

本研究体现出汉语是临摹度高的语言,一是受制于时间因素的双项式,绝大多数都遵循真实时间顺序原则,这点在英语中也是如此;二是除遵循真实时间顺序的双项式以外,汉语中有不少并列双项式遵循想象时间顺序原则和推断时间顺序原则,这在英语中较少见。

语言临摹度的高低取决于语言不同的特点。形态变化、语序以及虚词是表达语法关系的三大手段,三者之间关系密切。按照形态变化、语序以及虚词在语言中的作用,可将语言分为两大类:分析语(Analytic Language)和综合语(Synthetic Language)。分析语的英语定义为：An analytic language is "characterized by a relatively frequent use of function words, auxiliary verbs, and changes in word order to express syntactic relation, rather than of inflected forms"。(分析语的特征是不用形态变化而用语序和虚词来表达语法关系)(*The Random House College Dictionary*)

综合语的英语定义为：A synthetic language is "characterized by frequent and systematic use of inflected forms to express grammatical relationships"。(综合语的特征是运用形态变化来表达语法关系)(*Webster's Ninth Collegiate Dictionary*)

汉语由于缺乏形态变化，表达语法关系只好借助语序和虚词，属于典型的分析语；现代英语是从古英语发展而来，既保留着综合语特征，也具有分析语的特点，属于综合—分析语（synthetic – analytic language）（连淑能，2010：25）。

形态变化与语序关系密切。一般来说，形态变化越多的语言，语序越灵活；形态变化越少的语言，语序越固定。可见语序或词序的灵活程度跟形态变化有关。尽管本书讨论的是词组层面的词序，但词法是句法的基础，句法是词法的延伸，二者都是语法的内容，不少短语尤其是固定短语以及新词的产生，都跟句法有关。

临摹度高的语言无论在语言的何种层次上，基本上都表现出较高的象似性，体现了语法规律与现实规则的对应关系。由于汉语属于分析型语言，词序在语法中的作用尤其明显。鲁川（2005）提出"预想论"这一概念阐述现代汉语的顺序。在"预想论"中，"预"就是"事先"，"想"就是"考虑"。比如，就并列双音词而言，表动象的"上下"、"因果"、"裁缝"等词语的顺序，是因为先预想看到"有形"。表静象的"大小"、"胖瘦"、"身手"等词语的顺序也是按"预想"的先后组成的。表关系亲疏意义的并列复合词，如"亲友"、"人马"、"来往"，以及表利害意义的并列复合词，如"好坏"、"善恶"、"轻重"，它们的顺序也体现了"预想论"，即先悟到"无形"。鲁川认为现代汉语的组序规律普遍体现了"预想论"，这一观点跟谢信一（1992）的观点一致，即汉语的顺序不仅遵循真实世界里的时间，也遵循想象时间和推断时间。

遵循真实时间顺序原则、想象时间顺序原则以及推断时间顺序原则一方面能让汉语做到扬长避短，另一方面由于符合现实的时间或者认知的时间先后顺序，能使语言交际、语言的识解（construal）变得更加简单、容易。按照 Langacker（1987）的观点，识解意义是决定意义中的两个变量之一（另一个变量是概念意义）。使用该语言的人的看法决定了识解方式及其内容的差异。由于汉语临摹度高，恪守时间顺序原则。汉语言社团对时间在汉语语序中的重要性形成了较为统一的看法。汉语按照时间先后、事理先后组织语言，临摹现实，这一特点有利于语言交际的顺利进行。

四 认知策略

前文已论，汉语是临摹性很强的语言。这一点不仅表现在汉语遵守时间顺序原则，而且体现于汉语中通过先整体后部分的图示来谈论空间关系。我们经常体验到的自己的身体既是容器，同时又被容器包围（王会芬，2007：59）。整体＞部分的排序倾向反映了一种认知策略。这种排序倾向来源于人们空间观的基本经验，即人是容器，是整体，能操纵身体的各部分。因此，在语言中，表示"整体"的事物位于表示"部分"的事物之前就是自然而然的了。在表达整体与部分关系时，英语与汉语不同，刘宁生（1995）和张璐（2002）通过考察英语语序，发现英语中空间的认知策略与汉语不同,英语倾向于从局部到整体,从小到大,目标先于参照点。但是,正如辜正坤(2004)所说,就整体和部分的顺序而言,汉语中以整体先于部分为主要词序,英语中以部分先于整体为主要词序,都仅仅是倾向而已,不能将之绝对化。比如,依照"集体+个人"顺序的双项式在汉语语料库中出现的次数为878,为优势词序,其反序即依照"个人+集体"顺序的双项式出现的次数为185,为劣势词序;依照"individuals and groups"顺序的双项式在英语语料库中出现的次数为119,为优势词序,其反序即"groups and individuals"顺序的双项式出现的次数为67,为劣势词序。可见,整体和部分孰先孰后会因认知策略的不同而发生变化,从而出现不同语言中不同的词序倾向性。此外,整体与部分的排序差异也折射出汉英语言在社会文化方面的另一差异,即汉文化倡导的集体主义(collectivism)和英美文化提倡的个人主义(individualism)(详见下文)。

不同语言在认知策略上的差异,反映的是思维模式的不同,认知策略是受思维模式支配的。思想的基础或出发点就是思维模式。正如季羡林先生所说,语言之所以不同,其根本原因在于思维模式的不同(鲁川,2005:33)。邢福义(1997)也指出,语言文字与思维模式之间的关系是内在和外在之间的关系。

第三节 民族文化

本书发现,"权力原则"是最能预测汉英并列双项式固化的词序制约因素。究其原因,除上文提到的"我第一"原则在汉语和英语中普遍适用以外,社会文化语境也操纵着"权力原则"。在"我第一"原则以及社会文化语境的双重制约下,"权力原则"表现出最强的预测并列双项式固化的能力。但"权力原则"

的具体适用情况因民族、文化的不同而表现出差异。此外，汉英语言文化中礼貌原则的异同、集体主义和个人主义的哲学倾向差异和相似，以及政治氛围的影响，也在一定程度上导致了汉英并列结构的词序制约因素在整体和局部上表现出来的异同。

一 礼貌原则

汉语中并列结构的排序在很大程度上都遵守"权力原则"，主要是两方面的原因，一是中国传统哲学的"阴阳思想"，二是与中国历史上延续了两千年的封建"尊卑"思想有关。

"阴阳"是贯穿中国文化的基本原则（闵家胤，1995：395），其主要观点规定了对立的事物的矛盾统一关系。在"阴阳"这对基本范畴中，属于"阳"的系列有"天"、"父"、"雄"、"刚"、"大"、"上"、"动"等；而属于"阴"的有"地"、"母"、"雌"、"柔"、"小"、"下"、"静"等。因此，天阳地阴、春阳秋阴、夏阳冬阴、主阳臣阴、上阳下阴、男阳女阴、父阳子阴、兄阳弟阴、长阳少阴，词序排列上，属"阳"的比属"阴"的具有更大的权力，因此，出现了诸如"春秋、天地、大小、君臣、大小"等阳先于阴的并列结构。但"阴阳"一词的顺序却遵照语音原则而非语义原则，这与古代中国农业社会中认为万物生命归于"土"、"母"的合而为一的农业崇拜和生殖崇拜相关。正如李祥林（2002：98）所述，通过汉语中"阴阳"一词的先阴后阳的词序排列，庶几可以窥见远古母系社会的原始投影。与"阴阳"相类似，"雌雄"较"雄雌"更常用，这也是原始母权意识在汉语中的烙印。

由"阴阳"思想衍生出来的尊卑思想也是汉语中"权力原则"包含的内容。阳尊阴卑、阳贵阴贱是中国长期父权社会的真实写照。此外，现代中国是中国共产党领导下的无产阶级专政国家,"党"、"共产党"等用语与其他词语并列时,一般位于首位,比如,"党和国家领导人"、"党和人民"、"党、国家和人民"等。这种顺序一方面符合"权力原则",另一方面也是"礼貌原则"的体现(见下文)。

在汉语中,"权力原则"往往与"礼貌原则"相一致。这一特点能在一定程度上解释为什么"权力原则"能更好地预测汉语并列双项式的固化。中华民族长期以来有尊老爱幼的传统。亲疏有别、长幼有序、重男轻女的思想在语言中有所体现。"士农工商"的排列顺序反映了中国古代社会对职业地位的划分。"士"指封建时代的官僚阶层,是权势和地位以及金钱的象征,因此居于首位。"王侯将相"则将体现了官员权力地位的高低。在中国传统文化中,"尊卑贵贱"、"男女老少"、"党政军"、"师生"等都反映了社会观念上的高低、上下等关系。传统文化的发扬、继承和发展以及变化深刻影响着并列短语中涉及该类词语并列时的排序问题。而这些社会文化规约,可以概括为现代中国的"礼貌原则"。英国语言学家 Leech 提出的"礼貌原则"(politeness principle)包括六条准则,即得体准则、慷慨准则、赞誉准则、谦逊准则、一致准则以及同情准则。"礼貌原则"在交际中会影响词序。Cooper 和 Ross 所称的"礼貌规约"(politeness convention)以及 Leech 提出在交际过程中应遵守的"礼貌原则",指的是如"mum and dad"、"bride and groom"、"aunts and uncles"、"ladies and gentlemen"等顺序产生的重要原则。这一规约或原则不仅体现在一些重要的方面,比如措辞,而且在词序方面也有所体现。一般来说,为礼貌起见,"贵国和我国"、"令郎和小女"、"贵方和我方"等并列短语不仅有措辞方面的礼貌原则,也在词序的前后上表现出尊敬对方的原则。

英语中的礼貌原则在词序方面的影响跟汉语的不同。女权运动的发展,使女士优先的礼貌原则不断影响着英语的词汇和词序。"Chairperson"、"spokesperson"等词的出现以及"ladies and gentlemen"的排序都充分体现了英美文化中女性地位的上升。本书中,以"ladies and gentlemen"为顺序的双项式在英语语料库中出现的次数为266,其反序出现的次数仅为5。显然,该并列双项式的优势词序并未遵守权力原则,而是遵循礼貌原则以及语音方面的原则。此外,"mum and dad"、"bride and groom"、"aunts and uncles"等顺序在语料库中出现的次数多于其反序。这一差异,一方面体现了语音因素对英语并列双项式词序的制约作用;另一方面,是礼貌原则制约的结果。汉语虽然也沿袭了部分做法,如"女士们、先生们"这种遵照英语词序的汉语翻译体现了女士优先的礼貌原则。但是,这种现象也只是汉语欧化的一个小方面。通常情况下,大家会听到诸如以"各位领导"开始的典型的中国演说时的开场白。而"女士们、先生们"等常用在之后。英语的礼貌原则还体现在"I"在并列结构中的位置。当"I"与其他人物相提并论时,"I"的位置通常放在最后,以体现对他人的尊重,如"Michael and I"、"My husband and I"等。但当遇到承认错误、承担责任等不利的事情和处境时,"I"会首当其冲,如"I and Michael are to blame"、"I and my husband made a mistake"(顾嘉祖,1990:247),其反序则被认为是缺乏礼貌的体现。而在汉语中,两种词序均可,尤以"我"开头再说他人的方式更为常见。

  如前所述,男性先于女性的排序原则在汉语和英语中普遍存在。如英语中的"king and queen"、"Lord and Lady"、"Adam and Eve"、"warlock and witch",汉语中的"兄妹"、"子女"、"夫贵妻荣"、"夫唱妇随"等表达方式都充分体现了这一原则。

男尊女卑的观念在中国社会中有悠久的历史渊源。中国两千年的封建宗法社会一直强调长幼有序，尊卑有序，尊重长辈、领导和客人是中国作为礼仪之邦的礼貌原则。这种礼貌原则深刻体现为两种民族心理，一是高度重视血缘，二是强调等级观念（孙欣平，2006：110）。汉语中有不少体现尊卑原则的并列短语，如"父子"、"母子"、"妻妾"、"君臣"、"干群"、"将士"、"官兵"、"王公贵族"、"师生"、"城乡"、"老板和员工"等。

因此，汉语和英语并列结构的词序所遵守的礼貌原则含义上有些差异，主要表现为汉语遵守男尊女卑、等级观念的原则，而英语则体现在女性用语先于男性用语的趋势上，以及"I"靠后的礼貌原则。

英语并列双项式中，权力原则除体现为遵循"我第一"原则外，还体现在遵循神权优先原则。位于人类之上的是上帝。众所周知，不少英语表达都来源于《圣经》。《圣经》记载了上帝创造了世界，让耶稣来救赎人类，上帝是全知全能的。基督教在西方文明和文化中占有重要的地位，对语言也产生了重要的影响。在并列结构中，当英语中神与人或物并列时，遵循神权优先原则，如"God and man"、"religious and lay"、"lord and devil"、"heaven and hell"、"church and state"等。但在本书中，受神权优先原则支配的英语双项式只有1例，即"church and state"，其优势词序次数为72，劣势词序次数为4。在本研究中，受神权优先原则支配的英语双项式数量较少，这也是权力原则预测英语并列双项式的固化能力不如汉语的原因之一。

二 集体主义和个人主义

汉民族和英美民族社会文化方面的不同还体现在集体主义

（collectivism）和个人主义（individualism）的对比上。汉民族文化强调人的社会性，重视社会、群体的力量以及对个人的约束，从而弱化个人和个性，强调群体的作用。在集体主义的思想影响下，集体利益高于个人利益。而与此相反，英美文化推崇的是个人主义，以自我为中心，强调独立的人格和个性。汉英文化中集体主义和个人主义不仅对人们的生活方式、思维模式和做事方法造成不同的影响，而且对语言有影响。就时空方面的排序而言，汉语的整体先于部分排序原则和英语的部分先于整体排序原则就充分体现了文化差别对语言词序的影响。季羡林先生在《汉语语法学》（邢福义，1997）的"序"中谈道："东西方思维模式是根本不同的。西方的思维模式是分析；而东方的思维模式则是综合，其特色是有整体概念和普遍概念的联系。"此外，姓和名在两种语言中的排序不同也反映了集体主义和个人主义对语言的影响。在汉语中，姓位于名之前，这是因为姓代表家族，是集体，而名只代表自己，是个人。而西方社会中名一般位于姓之前，个体的名字比祖先传下来的姓氏更加重要，这是西方崇尚个体的体现。

此外，政治气氛影响了一些并列短语的结构顺序。党的路线方针政策以及各种口号，比如"面向现代化、面向世界、面向未来"、"讲政治、讲正气、讲学习"等，都成为耳熟能详的固定表达。本书中，汉语语料库中以"路线+方针"为顺序的双项式次数为1268，而其反序出现的次数只有41，政治气氛对汉语并列结构词序的影响可见一斑。

语言和文化之间有着千丝万缕的联系。语言现象并不是约定俗成那么简单，并列双项式的两项也不是随意组合或使用的次数多了便固定下来的。汉语和英语中不少并列短语的词序受制于社会文化因素。这种制约，就汉语而言，主要体现在亲属称谓、人际关系、社会地位以及强调集体主义等方面；就英语而言，这种制约主要体现在集体主义、自由、平等、女士优先以及宗教思想等方面。

第四节 语境对词序的制约作用

第四章定量考察了汉英并列双项式的词序制约因素的词序预测成功率以及语义因素下的各种次因素预测双项式固化的能力。研究发现，语义因素是导致两种语言中并列双项式形成优势词序的主要原因。这一结论意味着当并列项在语义上有明显的差别时，并列双项式表现出明显的优势词序和劣势词序。若将语义和语音因素看成静态的词序制约因素，那么语境因素对于词序的影响就是动态、变化的。语境因素作用于词序，打破由静态的语义和语音因素管辖下的各词序原则，从而导致优势词序的频次减少，劣势词序的频次增加。

并列结构的词序制约因素除前面讨论的语义、语音等因素外，还包括字母顺序和语境制约等。就英语而言，并列双项式的首字母在字母表中的位置一度被认为是制约因素之一，但 Benor 和 Levy（2006）的定量研究却发现字母顺序制约因素预测词序的准确率不及一半。由于字母顺序制约因素无理论或实践上的支持，因此在目前的研究中很少被提起。此外，语境因素也制约着并列短语的词序。就具体的并列短语的词序而言，语境可能会有比较大的制约作用，这也是 Benor 和 Levy（2006）的研究中将之作为第五种制约因素列出的原因。

语境有大小之分，大语境指的是社会背景，也就是社会语境；小语境指的是语言所处的语篇，即上下文语境。下面从社会语境和上下文语境两方面探讨语境对并列双项式词序的影响。

一 社会语境

并列结构中,并列项的意义在特定的社会语境中可能产生特定的意义。作用的大小、主次等会随社会时代的变化而发生改变。重要性原则中的子原则,如地位的高低、价值的大小等区别会随时代背景的不同而不同。熟悉程度原则中的客观事物熟悉程度等子原则,也会受到社会语境的制约。

（24）京杭大运河的建成,弥补了我国东部没有*南北*水路的缺陷,对*南北*物资交流发挥了巨大作用。(《中国儿童百科全书》)

（25）目前,朝、美第三轮会谈已有了方案,并在不断接近；朝鲜*北南*双方也一直保持着接触,这都是积极的动向。(《人民日报》1993 年 12 月)

在语义因素的制约下,"北+南"一般以"南北"的顺序出现,如"东西南北"、"大江南北"等,上面第（24）例中,"南"先于"北"的排序是常规词序,在语料库中出现的次数也明显多于"北"先于"南"的顺序。在例（25）中使用"北南"这一反序,明显是受当时政治背景的影响。

再如,以"政治+经济"为顺序的并列双项式在 CCL 语料中出现的次数为 6836,以"经济+政治"的顺序出现的次数为 1247。因此,政治先于经济的排序被认为是常序,是优势词序；后者则是反序,是劣势词序。试比较：

（26）周恩来 53 年 9 月说过,"改造当然不限于经济方面,整个社会都在改造,*政治、经济*、文化各方面都在改造"。(《周恩来传》)

（27）全面建设小康社会的目标,是中国特色社会主义*经济*、*政治*、文化全面发展的目标,是与加快推进现代化相统一的

目标。(新华社2004年新闻稿)

在例(26)中,"政治"先于"经济"这一顺序,反映了政治在当时的重要性;例(27)中该语言文字出现的背景是在以经济建设为主的时代,因此,"经济"先于"政治"的顺序显示了经济的地位更加重要。

二 上下文语境

上下文或一个句子内部相关成分的照应联系往往会影响并列结构的词序。上下文对词序的影响在汉语中表现得尤为明显。洪堡特(Humboldt, 1826:105)在提到汉语与其他语言的不同时,特别强调上下文的作用:其他语言的上下文对理解起辅助作用,而汉语中上下文起的是基础作用,句子的结构只从上下文推导出来,甚至动词本身也只能通过动词概念辨别出来(转引自潘文国,2006:101)。

上下文语境所要求的照应、对应原则往往与时间先后原则、重要性原则、权力原则等发生冲突,从而导致并列结构服从对应原则,形成劣势词序。此外,当上下文中出现表示相互关系的词语时,并列双项式的并列项之间的主次、先后、好坏等语义关系也会受到削弱甚至破坏,从而可能形成劣势词序。

(28) 雷锋出在你们团,但他的宝贵遗产应该是属于全军的,属于全党的、属于全国人民的……全党、全军和全国人民都要以实际行动向雷锋同志学习。(《人民日报》)

从例(28)中可以看出,全军的排在全党的之前,跟语义因素权力主导的"党"先于军队的词序原则相反,原因在于上文有"雷锋出在你们团"这一语境限制,为与上文照应,采用了该并列结构的劣势词序。

再观察下面的例子:

（29）正是她们的模范带头作用，*带动和影响*着 1300 万纺织职工，推动了纺织工业的发展。（《1994 年报刊精选》）

以"影响+带动"为顺序的并列双项式在 CCL 语料库中出现的次数为 126，是优势词序，而以"带动+影响"顺序出现的次数仅为 37，是劣势词序。"影响+带动"的顺序之所以在频次上高于其反序，明显是受时间先后顺序制约。然而，例（29）违背了时间顺序原则，原因在于上文有"正是他们的模范带头作用"这一语境。为照应语境，"带动"先于"影响"出现。

此外，上下文中表示相互关系的词语在一定程度上削弱了并列项在语义上的差别，可能导致劣势词序。例如：

（30）这再一次说明，*开放和改革*必须相辅相成，缺一不可。（新华社 2004 年新闻稿）

（31）死，无死不生，不论是古代先哲，还是平民百姓，都总是把*生和死、死和生*连在一起。（《1994 年报刊精选》）

（32）毛泽东同志一贯认为，不论国家大小、强弱、富贫都应一律平等，各国都有各自的长处和短处，都需要和平共处。（《人民日报》1995 年 2 月）

在 CCL 语料库中，以"改革+开放"为顺序的并列双项式出现的次数为 29991，是优势词序；而其反序"开放+改革"只有 89 条，为劣势词序。该并列双项式主要遵循语义上的时间先后顺序原则，但是，为照应下文中"相辅相成，缺一不可"等词语，例（30）采用了劣势词序"开放和改革"。同样，例（31）中的"死+生"顺序虽然违反了积极性原则和平仄调序原则，但照应了语境，说明了"无死不生"、"生死相连"的哲学思想。例（32）为与前面的"大小"、"强弱"相呼应，形成排比结构，采用了"富贫"这一劣势词序而非优势词序贫富，从而违反了积极性原则。

三 劣势词序凸显的目的

词序本身就是一种修辞手段。王希杰在《汉语修辞学》中也明确提到"词序不仅是语法手段，也是修辞手段"（2007：226）。修辞是为了文饰需要，也可以说这就是并列双项式形成劣势词序的目的。为修辞的需要，并列结构的词序制约原则常常被破坏，形成变动词序，即本书所说的劣势词序。修辞对并列结构词序的影响主要表现在使用对偶和排比上。

对偶是用字数相等、结构形式相同、意义对称的一对短语或句子来表达两个相对或相近意思的修辞方式。对偶主要是从结构形式上说的，它要求结构相称，字数相等。英语中的不少成对词就是对偶词组，如"black and white"、"first and last"。

排比是利用三个或三个以上意义相关或相近，结构相同或相似和语气相同的词组或句子并排，达到一种加强语势的效果。

可见，为满足修辞上的需要，并列结构可能采用劣势词序。此外，在交际中为突出和强调信息，并列结构往往也会采用劣势词序。

根据熟悉度原则中的先旧信息后新信息的原则，一般来说，并列双项式在具体的语境中以旧信息位于新信息之前出现。但在实际的语言表达中，由于新信息是人们要表达的重点，说话人总会采用各种手段使新信息处在显眼的位置上，以便听话人首先捕捉到该信息，从而实现交际目的。郑振贤（1995）根据"话语提问"研究了词序，发现主题信息通常体现已知信息；焦点信息则是话语提问中被提问的信息。在话语展开过程中，有些句子成分指导着前后相连的句子的展开方向，它们起到衔接句子的作用。从语用交际的角度对并列双项式进行分析，可以看到，词序往往会受到主题信息和焦点信息的影响,并非按照先主题信息后焦点信息的方式排列,这是因为在交际过程中,听话人总是希望听到对自己之前提问的回答,所以说话人也将重点放在被提问的信息,即焦点信息,也是未知的新信息。因此,新信息通常在上下文中出现在旧信息之后,这也符合前文提到的时间先后原则以及熟悉程度原则,形成优势词序。但是,出于文饰需要,新信息也可能出现在旧信息之前,形成劣势词序。

(33) 臣屡败屡战。(《中华演义》)

在例(33)中,"屡败屡战"这一顺序相对于"屡战屡败"而言,是劣势词序。该例中,说话者所要表达的信息并无新旧之分。但是,通过调整并列结构并列项的次序,会使表达的重心发生转移,使原来的重心降到次要位置,使原来处于次要位置的并列项上升到中心位置,从而产生不同的修辞效果,刻画出一种不畏失败、愈挫愈勇的人物形象。

(34) 第四,进一步建立和完善市场与物价调控办法,一是继续完善和建立几种重要商品储备和风险基金制度,增强国家的调控实力。(《1994年报刊精选》)

按照时间逻辑,应该是先"建立"后"完善",显然,"完善和建立"这一表达违背了时间先后原则。例(34)中,由于句子前半部分已经出现了"建立和完善"的优势词序,后半部分为突出"完善",同时也避免重复,因此采用了劣势词序"完善和建立"。这在下面的例(35)中表现得更为明显。

(35) 这种综合服务体系的完善和建立,使千家万户的小生产与社会化大生产对接起来了。(《1994年报刊精选》)

总之,在上下文语境中,为了实现修辞上的效果以及突出强调的作用,并列短语往往采用劣势词序。

第五节 小结

本章着重分析和阐释了词序制约因素在汉英并列双项式中的作用异同以及语境对词序的制约作用。语言本体、认知以及民族文化等三个方面是造成词序制约因素在汉英并列双项式中作用异同的原因。

语言本体方面的第一条原因是汉英并列连词的设立标准存在差别。英语的并列连词设立标准较简单,只要求并列项具有平等的语法地位;汉语的较复杂,并列项不仅应具有平等的语法地位,而且受词性和语言单位层级的限制。汉英并列连词设立标准的差异在一定程度上影响了并列结构的固化程度。第二条原因是英语的"形合"特点与汉语的"意合"特点形成鲜明的对比,导致了语义因素对汉语词序的制约作用强于对英语词序的作用。汉语并列短语的特点之一是"意义优于形式"。第三条原因是并列短语在汉语和英语中词汇化程度的差异。由于并列结构在汉语中有较高的词汇化倾向,导致不少汉语并列双项式已固化成词,因此未出现在本研究中;英语则由于并列造词匮乏,固化的并列短语未能成词,从而出现在本研究中。汉语的并列双音词汇化的倾向部分地解释了为何汉语的双项式并列短语总体上的固化程度低于英语。第四条原因是汉英成对词内部词序的稳定性有差别。英语成对词词序固定,一般情况下不能随意变换,位置较固定;而汉语的成对词有时允许有限的换位。

汉英民族在认知方面的异同也是导致词序制约因素在两种语言中出现异同的原因。第一,认知视点的变换,降低了并列双项式的固化程度,比如,当人们在感知里外以及循环的事物时,可能出现不是唯一的认知视点,导致词序自由。第二,被感知事物的认知显著程度的不一以及各民族文化的倾向性,使汉英并列结构的词序既表现出相似性,也有不同之处,这在空间感知方面表现得尤其突出。上下、前后、左右等各方向维度的显著性差异是不等的,因此,在并列结构中体现出不同的词序特点。第三,在词组层面,汉语比英语更遵守时间顺序原则,汉语临摹度较高。主要原因是汉语属于典型的分析型语言,英语属于综合—分析型语言,汉语对词序的依赖程度大于英语。汉语并列短语遵循时间顺序原则,体现了语法规律与现实规则的对应关系。第四,不同语言的认知策略的异同制约着并列结构的词序,从而体现出不同的特点和差异,比如,在表达整体与部分关系时,汉语倾向于先部分后整体,英语则倾向于从局部到整体。

汉英民族文化的特点是导致词序制约因素在两种语言中出现异同的另一原因。就礼貌原则而言,英美文化中礼貌原则主要体现为女士优先以及先他人后自己的特点,汉文化中礼貌原则主要集中在尊卑观念上。此外,汉文化倡导的集体主义和英美文化提倡的个人主义,这两种不同的哲学倾向,以及政治氛围的影响,也在一定程度上导致了汉英并列结构的词序制约因素的异同。

语境对并列短语词序也起到一定的制约作用。语境分为社会语境和上下文语境。由于作用的大小、主次等会随社会时代的变化发生改变,并列项的意义在特定的社会语境中可能产生特定的意义。重要性原则中的次原则以及熟悉程度原则中的客观事物熟悉程度等次原则,也会在一定程度上受到社会语境的制约,从而形成劣势词序的凸显。劣势词序凸显的目的主要有修辞和突出两方面。

第六章　结语

第一节　研究结论

语义、语音、词频这三大因素是制约双项式并列短语词序的主要因素。三种因素互动，形成并列短语的优势词序。在互动的过程中，三种因素或和谐或排斥或互不相干。语义和语音因素下属的各次原则的互动也不例外。定性的研究只能解释具体语例中各因素的互动情况，无法弄清词序制约因素对汉语和英语双项式并列短语总体上的制约力。本书的语料库研究弥补了这一不足。本书引入可逆性、词序预测成功率两个重要概念，以语料库检索的方式，一方面考察了语义、语音和词频三种因素对汉英高频并列双项式词序的制约力，另一方面重点考察了语义因素下属各次原则的词序制约力，分析了词序制约因素预测短语固化的能力。并在此基础上，进行了汉英对比。

通过前五章对双项式并列短语及其词序制约因素的观察、定性分析和定量考察研究、对相关数据的阐释，本研究得出以下主要结论。

第一，总体上汉语双项式并列短语的固化程度低于英语的双项式并列短语。主要原因在于汉语中并列双音化现象的普遍性以及英语中语音对双项式的影响强于汉语。此外，语音对英语并列双项式词序的影响非常明显,也促成了不少固化的双项式。

第二,语义是影响和制约双项式并列短语词序的主要因素,对汉语的影响尤其明显。考察和分析语料库中高频的汉语和英语并列双项式,通过计算可逆度得分,各词序制约因素的制约能力以及制约因素在可逆度得分区间的分布情况,发现语义对并列双项式词序的制约作用强于语音和词频。

本书对英语并列双项式的研究结果跟 Mollin(2012)的结论一致,即影响词序的三种因素的层级为:语义>语音>词频。汉语的定量研究也印证了廖秋忠(1992)等学者定性研究的正确性,即语义是影响汉语并列短语的主要因素。汉英对比研究还发现,语义因素对汉语双项式并列短语词序的制约作用比对英语更明显;语音因素对英语的影响更明显。

第三,制约汉语并列双项式的所有语义因素的词序预测能力,由强到弱可排列为:重要性>时间>递升>积极性>权力>显著性;英语的序列为:递升>时间(象似性)>积极性>重要性>显著性>权力。重要性因素预测汉语并列双项式的词序正确率高于其他因素,也高于该因素预测英语并列双项式的词序正确率。

第四,在所有语义因素中,权力是预测双项式并列短语固化的主要因素,并且在汉语和英语中都有最强的预测能力。因此,倘若双项式并列短语依照权力因素排序,更有可能固化,成为凝固词组;反之更有可能自由,成为自由词组。本书关于权力因素预测英语并列双项式的固化的结论,与 Mollin(2012)通过计算满意率与词序预测成功率的相关性得出的结果相一致。通过汉语语料库研究发现的这一事实,弥补了汉语在这一方面的空白。此外,汉英并列短语固化因素的同一性也在一定程度上说明了不同语言在一些方面存在相同的特点。

第五，时间顺序因素对汉语并列双项式的词序有普遍的制约作用。这一结果印证了谢信一（1991）提出的关于时间顺序原则的观点：时间顺序原则在汉语中不仅体现在遵守真实时间顺序，也包括遵守想象时间顺序和推断时间顺序。语料库研究发现，高频的汉语并列双项式除少数遵循真实时间顺序原则以外，多数双项式遵循的是非真实的时间顺序原则，即想象和推断的时间顺序原则。英语中的并列双项式多数遵循的是真实时间顺序原则。

第六，并列双项式遵循重要先于次要这一词序原则，这与定性研究关于汉语和英语并列双项式词序都遵循重要＞次要的结论相一致。显著性因素则因语言文化的不同而表现出差异。就整体和部分的关系而言，汉语并列双项式多数以整体先于部分的顺序排列，而英语多数以部分先于整体的顺序排列，也证实了辜正坤（2004）提出的观点：中国人的"由大到小"的思维模式和西方人"由小到大"的思维模式只是主要倾向，不是绝对的。

认知语言学倡导从内因和外因阐释语言之间的相同与差异。语言本体、认知以及民族文化三个方面是造成词序制约因素在汉英并列双项式中的异同的原因。在同一语言内部，双项式并列短语的优势词序和劣势词序的互动，跟语境相关。语境驱动下的劣势词序的形成，主要是为了修辞和突出强调。劣势词序的凸显，不仅是语义、语音以及词频这三大因素以及语义和语音因素下属的各因素共同作用、竞争造成的结果，也是社会语境、上下文语境因素以及各种修辞的需要共同促成的结果。

本书还从一个侧面证实了认知语言学理论基本观点的正确性。制约双项式并列短语词序的因素以及导致汉英之间的异同既有语言系统内部的原因，也有语言外部的原因。语法和语义密不可分，语义影响词序。同一语言内部并列短语词序的变化既跟语义有密切的关系，也跟语境相关。

　　语言、认知、文化三者密不可分。语言学研究在内容和方法上应当是综合性的。既要有对词、短语、句子、篇章等多个语言层次的研究，也要有结合语用、文化以及使用者心理的研究。这种综合性的研究方法既符合认知语言学对语言的基本观点，也是全面分析语言现象和解释语言异同的必然要求。

第二节　不足之处

　　上述结论有助于加深对并列词组及其词序制约因素的认识，也有助于更深入研究汉英两种语言的共性和个性。当然，本研究也存在诸多不足之处，留下了一些尚待解决的问题。

　　首先是语料问题。本书是基于英国国家语料库 BNC 和中国国家语委现代汉语语料库 CNC 以及北京大学现代汉语语料库 CCL 这三大语料库的定量研究。尽管语料库中收录的语料丰富，词汇量大，但也不能确保收集到的汉英各 398 个并列短语在所有语料中或者在其他大型语料库中属于高频的并列短语。

　　其次是关于汉语语料的问题。由于汉语查找符合要求的语料难度很大，费时多，人工排查时难免会出现误差。

　　再次，制约并列双项式的各制约因素及其定义本身在一定程度上有主观性，各制约因素也有交叉重合之处，因此在判断某个并列双项式受哪些因素的制约以及哪些因素起作用或反作用时也带有一定的主观性。

　　复次，数据的统计和处理也需要进一步核实和查证。

　　最后，本书仅限于对汉语和英语并列双项式词序制约因素的研究，考察的范围有限，得出的结论也不够丰富。如何进一步深入地、客观地进行汉英双项式并列短语词序制约因素的对比研究，找出更多的相同点和不同点，以更加深入地了解两种语言的异同，促进语言研究和教学，是本书遗留的问题。同时，扩大研究范围，考察和研究其他语言中的双项式并列短语的词序制约因素，对语言共性和个性以及类型学的研究都有一定的意义。

附 录

附录1 汉语并列双项式优势词序的频次（按频次高低排序）

第一项	第二项	正序频次	反序频次	可逆度得分
改革	开放	29991	89	99.7
左	右	28634	1	99.99
内	外	23450	6	99.97
科学	技术	10244	226	97.84
经济	社会	9909	5141	65.84
国家	地区	9190	742	92.52
友好	合作	7742	40	99.48
政治	经济	6836	1247	84.57
改革	发展	6510	1419	82.1
风	雨	5588	17	99.69
经营	管理	4599	336	93.19
党中央	国务院	4579	2	99.95
生	死	4526	198	95.8
干部	群众	4349	50	98.86
党	国家	4244	14	99.67
单位	个人	3240	82	97.53

续表

第一项	第二项	正序频次	反序频次	可逆度得分
建立	健全	3167	2	99.93
水	土	2838	50	98.26
历史	文化	2733	387	87.59
农业	农村	2347	134	94.59
干部	职工	2343	52	97.82
交通	运输	2278	29	98.74
政府	人民	2275	74	96.84
监督	检查	2157	522	80.51
违法	犯罪	2126	8	99.62
少年	儿童	2126	501	80.92
文学	艺术	2038	98	95.41
生产	生活	2027	227	89.92
生产	销售	2010	47	97.71
建立	完善	1966	4	99.79
巩固	发展	1950	86	95.77
宣传	教育	1854	126	93.63
经验	教训	1811	12	99.34
意见	建议	1774	219	89.01
中央	地方	1765	48	97.35
资金	技术	1754	475	78.68
技术	设备	1746	720	70.8
组织	领导	1705	183	90.3
美国	日本	1652	825	66.69
生存	发展	1604	14	99.13
国际	国内	1596	963	62.36
石油	天然气	1594	43	97.37

续表

第一项	第二项	正序频次	反序频次	可逆度得分
民主	法制	1552	18	98.85
发展	壮大	1543	64	96.017
民主	集中	1497	5	99.66
工作	生活	1411	726	66.02
关心	支持	1350	85	94.07
理论	实践	1339	104	92.79
地位	作用	1326	100	92.98
名	利	1318	3	99.77
门	窗	1305	10	99.23
国家	民族	1296	160	89.01
路线	方针	1268	41	96.86
权利	义务	1262	61	95.38
科技	教育	1256	726	63.37
生产	建设	1218	168	87.87
政策	法规	1216	476	71.86
推广	应用	1194	111	91.49
政府	企业	1179	136	89.65
继承	发扬	1175	2	99.83
技术	管理	1165	392	74.82
革命	战争	1131	30	97.41
发展	变化	1042	193	84.37
国家	人民	1038	46	95.75
生机	活力	1018	45	95.76
国家	集体	1011	53	95.01
爸爸	妈妈	981	138	87.66
马克思	恩格斯	977	9	99.08

续表

第一项	第二项	正序频次	反序频次	可逆度得分
矛盾	问题	948	162	85.4
能源	交通	941	516	64.58
美国	加拿大	929	205	81.92
革命	建设	917	0	100
组织	机构	916	210	81.34
集体	个人	878	185	82.59
支持	帮助	875	198	81.54
社会	历史	857	215	79.94
宪法	法律	829	11	98.69
烟	酒	825	10	98.8
积极	主动	818	88	90.28
教学	科研	786	225	77.74
政策	规定	775	26	96.75
时间	地点	744	94	88.78
教育	培训	738	117	86.31
管理	服务	724	244	74.79
物质	文化	718	17	97.68
历史	现实	718	65	91.69
思想	作风	717	18	97.55
祖国	人民	707	18	97.51
工人	农民	705	88	88.9
人	事	699	48	93.57
继承	发展	690	4	99.42
培养	造就	677	15	97.83
过去	现在	664	67	90.83
科研	生产	655	163	80.073

续表

第一项	第二项	正序频次	反序频次	可逆度得分
学习	研究	649	74	89.76
环境	条件	648	127	83.61
积极性	创造性	647	13	98.03
培养	选拔	646	211	75.37
生产	流通	638	15	97.7
治理	整顿	610	44	93.27
教育	科学	610	395	60.69
技术	人才	596	557	51.69
解放	发展	595	15	97.54
学习	生活	587	243	70.72
工业	农业	574	244	70.17
时间	精力	568	131	81.25
时间	空间	545	260	67.7
环境	发展	520	15	97.19
理想	信念	516	22	95.91
和平	稳定	515	119	81.23
音乐	舞蹈	514	69	88.16
重视	支持	513	22	95.88
男人	女人	501	53	90.43
散	乱	497	3	99.4
广度	深度	480	440	52.17
生产	消费	479	41	92.11
机遇	挑战	478	177	72.97
自由	民主	469	283	62.36
当前	今后	468	0	100
数量	质量	461	136	77.21

续表

第一项	第二项	正序频次	反序频次	可逆度得分
蔬菜	水果	452	312	59.16
审查	批准	448	2	99.55
干部	工人	447	120	78.83
报纸	杂志	441	76	85.29
形势	任务	431	2	99.53
产品	服务	428	36	92.24
繁荣	富强	425	17	96.15
学习	宣传	419	105	79.96
开发	经营	415	96	81.21
设计	生产	413	29	93.43
责任	义务	412	189	68.55
内容	形式	406	208	66.12
立场	观点	404	35	92.02
前途	命运	400	74	84.38
丰富	发展	393	35	91.82
学习	掌握	384	6	98.46
知识	技能	375	34	91.68
条例	规定	364	13	96.55
支持	配合	344	103	76.95
部门	行业	337	175	65.82
培养	教育	337	189	64.068
训练	比赛	335	58	85.24
物质	精神	332	176	65.35
传统	作风	327	9	97.32
文化	技术	327	202	61.81
家庭	社会	327	224	59.34

续表

第一项	第二项	正序频次	反序频次	可逆度得分
现在	将来	324	1	99.69
民主	专政	324	6	98.18
纺织品	服装	322	29	91.73
思想	品德	321	3	99.07
白天	黑夜	319	26	92.46
坚持	发展	311	3	99.04
综合	分析	310	121	71.92
国家	军队	306	31	90.8
战争	和平	303	10	96.8
思想	行为	301	30	90.93
全面	深入	300	43	87.46
心血	汗水	300	71	80.86
传统	现代	298	50	85.63
语言	文化	298	57	83.94
地方	企业	296	0	100
计划	市场	292	42	87.42
城市	农村	292	140	67.59
领导	管理	291	100	74.42
支持	参与	289	165	63.65
战略	战术	283	5	98.26
生理	心理	283	108	72.37
关心	帮助	280	19	93.64
直接	间接	273	4	98.55
意见	要求	272	20	93.15
知识	经验	263	111	70.32
国营	集体	261	21	92.55

续表

第一项	第二项	正序频次	反序频次	可逆度得分
加强	发展	260	214	54.85
产量	质量	258	60	81.13
亚洲	非洲	257	78	76.71
历史	现状	253	12	95.47
教师	学生	248	122	67.02
根	茎	247	23	91.48
企业	产品	245	112	68.62
自然	社会	240	104	69.76
出发点	落脚点	238	2	99.16
工业	商业	237	78	75.23
动物	植物	235	120	66.19
缺点	错误	226	42	84.32
检举	控告	225	87	72.11
目标	要求	223	10	95.7
学习	讨论	211	15	93.36
指导	监督	211	180	53.96
质量	价格	208	86	70.74
宗教	哲学	207	160	56.4
建设	经营	206	14	93.63
爱情	婚姻	205	61	77.06
知识	技术	204	88	69.86
修改	补充	203	82	71.22
检举	揭发	200	50	80
恢复	重建	197	24	89.14
年龄	性别	196	104	65.33
加强	完善	194	71	73.2

续表

第一项	第二项	正序频次	反序频次	可逆度得分
推广	普及	192	127	60.18
认识	理解	190	92	67.37
特点	规律	189	51	78.75
预防	治疗	186	34	84.54
内容	方法	180	32	84.9
创新	发展	178	126	58.55
主观	客观	177	30	85.5
指导	帮助	177	132	57.28
科技	生产	175	64	73.22
自由	权利	174	157	52.56
成功	失败	173	32	84.39
地区	单位	171	23	88.14
技术	经验	167	124	57.38
宏观	微观	166	46	78.3
影响	作用	166	163	50.45
兴衰	成败	163	10	94.21
理想	追求	162	22	88.04
鲜血	生命	162	42	79.41
愿望	要求	161	55	74.53
艰巨	复杂	161	76	67.93
建设者	接班人	159	1	99.37
收入	支出	159	8	95.2
干扰	破坏	157	11	93.45
学校	社会	157	76	67.38
个人	社会	157	81	65.96
今天	明天	156	1	99.36

续表

第一项	第二项	正序频次	反序频次	可逆度得分
理论	政策	156	19	89.14
党	群众	154	0	100
安全	健康	154	131	54.03
交流	沟通	153	145	51.34
拥护	支持	147	83	63.91
决心	信心	147	116	55.89
生活	艺术	146	70	67.59
关心	照顾	145	4	97.31
开源	节流	145	17	89.5
姓名	地址	145	36	80.11
总统	副总统	142	6	95.94
充实	完善	141	27	83.92
影响	制约	141	61	69.8
教育	改造	138	14	90.78
颁布	施行	134	0	100
父母	子女	134	25	84.27
信任	支持	133	27	83.12
调动	发挥	128	12	91.42
职责	分工	128	15	89.51
地区	行业	128	117	52.24
影响	带动	126	37	77.3
理想	现实	123	29	80.92
掌握	运用	122	7	94.57
常委	委员	122	64	65.59
情况	问题	121	9	93.07
经验	体会	121	14	89.62

续表

第一项	第二项	正序频次	反序频次	可逆度得分
途径	方法	121	90	57.34
生产	分配	119	6	95.2
广泛	深刻	119	21	85
领导	职工	117	9	92.85
加工	处理	116	15	88.54
职工	家属	115	2	98.29
社会	人民	115	25	82.14
卫生	质量	115	50	69.69
行为	习惯	114	19	85.71
时代	社会	114	49	69.93
探索	创新	113	17	86.92
宣传	介绍	113	28	80.14
专业	业余	110	11	90.9
补充	完善	110	21	83.96
指导	服务	110	22	83.33
知识性	趣味性	109	8	93.16
学习	推广	109	11	90.83
和平	合作	108	27	80
质量	效率	107	66	61.84
组织	宣传	107	74	59.11
家人	朋友	106	40	72.6
精神	肉体	106	84	55.78
领导	同志们	105	1	99.05
锻炼	提高	105	3	97.22
尊敬	爱戴	102	44	69.86
剥削	压迫	101	91	52.6

续表

第一项	第二项	正序频次	反序频次	可逆度得分
侵略	扩张	100	18	84.74
商品	物资	100	18	84.74
认识	对待	99	2	98.01
团结	友谊	98	44	69.01
妻子	母亲	98	86	53.26
分析	解决	97	0	100
分析	批判	96	13	88.07
经营	使用	95	15	86.36
智慧	汗水	94	37	71.75
权力	责任	94	53	63.94
数量	规模	94	58	61.84
形状	大小	94	66	58.75
指导	管理	94	80	54.02
制度	措施	93	25	78.81
输入	输出	93	32	74.4
允许	鼓励	92	8	92
鲜花	掌声	90	41	68.7
老师	家长	90	87	50.84
参谋	助手	89	9	90.81
性质	特点	89	16	84.76
资金	人力	89	35	71.77
专职	兼职	88	0	100
学习	深造	88	12	88
达到	超过	87	3	96.66
单位	群众	87	6	93.54
军队	地方	87	12	87.87

续表

第一项	第二项	正序频次	反序频次	可逆度得分
公正	持久	86	16	84.31
创作	研究	86	47	64.66
勇气	力量	86	48	64.17
处理	解决	84	17	83.16
身高	体重	83	6	93.25
时间	金钱	83	13	86.45
地理	气候	83	34	70.94
学习	发扬	82	0	100
物资	技术	82	59	58.15
检验	鉴定	81	4	95.29
管理	指导	80	65	55.17
中部	南部	78	44	63.93
宗教	迷信	77	9	89.53
食品	水	76	25	75.24
亲人	朋友	76	31	71.02
重要性	迫切性	74	9	89.15
鼓励	保护	74	36	67.27
黑人	白人	73	55	57.03
加快	深化	72	4	94.73
教育	鼓舞	72	19	79.12
商业	供销	72	23	75.78
理解	贯彻	71	0	100
欢乐	痛苦	71	69	50.71
长处	短处	70	5	93.33
文字	图片	70	56	55.55
创造	发展	69	37	65.09

续表

第一项	第二项	正序频次	反序频次	可逆度得分
清理	纠正	68	2	97.14
文明	野蛮	67	4	94.36
制定	公布	66	0	100
优点	缺点	66	9	88
抵制	反对	66	52	55.93
生产	交换	65	0	100
训练	管理	65	48	57.52
思想	品质	64	9	87.67
挫折	失败	64	49	56.63
坚持	依靠	62	0	100
电影	录像	62	12	83.78
自信心	自豪感	62	16	79.48
林彪	四人帮	61	0	100
探索	追求	61	26	70.11
想法	做法	60	3	95.23
概念	术语	60	19	75.94
宣传	表彰	59	23	71.95
明天	后天	58	1	98.3
思路	方法	58	11	84.05
概括	总结	58	57	50.43
太阳	地球	58	57	50.43
认识	掌握	57	2	96.61
全局	长远	57	12	82.6
官方	民间	56	2	96.55
动机	目的	55	17	76.38
目的	手段	55	22	71.42

续表

第一项	第二项	正序频次	反序频次	可逆度得分
鼓舞	鞭策	54	9	85.71
认识	改造	53	0	100
资金	劳动力	52	16	76.47
市场	社会	52	24	68.42
整顿	改革	52	28	65
发现	发明	52	38	57.77
条件	能力	51	39	56.66
光荣感	责任感	49	8	85.96
实力	水平	49	21	70
组装	生产	49	35	58.33
升学	就业	48	8	85.71
生机	希望	48	9	84.21
地区	县	48	23	67.6
恢复	发扬	46	0	100
学习	锻炼	46	3	93.87
分析	评估	46	19	70.76
成绩	荣誉	44	7	86.27
共产党员	领导干部	43	11	79.62
地位	权利	43	40	51.8
继承	转让	42	0	100
光明	希望	42	16	72.41
方案	措施	42	25	62.68
图片	实物	41	21	66.12
知识	人才	41	32	56.16
恢复	建立	39	14	73.58
政治	组织	39	17	69.64

续表

第一项	第二项	正序频次	反序频次	可逆度得分
工期	质量	39	26	60
工业	服务业	37	7	84.09
自由	必然	36	3	92.3
时间	条件	36	11	76.59
荣誉	奖励	36	16	69.23
方法	工具	36	31	53.73
现金	实物	35	6	85.36
支持	资助	35	11	76.08
人	机器	34	3	91.89
愿望	决心	34	7	82.92
党委	纪委	34	8	80.95
比赛	表演	34	27	55.73
措施	建议	33	19	63.46
体力	脑力	33	27	55
教育	启发	32	29	52.45
批评	监督	31	20	60.78
突破	进展	31	23	57.4
牺牲	贡献	31	25	55.35

附录2　汉语并列双项式可逆度得分情况(按可逆度得分高低排序)

第一项	第二项	正序频次	反序频次	可逆度得分
革命	建设	917	0	100
当前	今后	468	0	100
地方	企业	296	0	100
党	群众	154	0	100
颁布	施行	134	0	100
分析	解决	97	0	100
专职	兼职	88	0	100
学习	发扬	82	0	100
理解	贯彻	71	0	100
制定	公布	66	0	100
生产	交换	65	0	100
坚持	依靠	62	0	100
林彪	四人帮	61	0	100
认识	改造	53	0	100
恢复	发扬	46	0	100
继承	转让	42	0	100
左	右	28634	1	99.99
内	外	23450	6	99.97

续表

第一项	第二项	正序频次	反序频次	可逆度得分
党中央	国务院	4579	2	99.95
建立	健全	3167	2	99.93
继承	发扬	1175	2	99.83
建立	完善	1966	4	99.79
名	利	1318	3	99.77
改革	开放	29991	89	99.7
风	雨	5588	17	99.69
现在	将来	324	1	99.69
党	国家	4244	14	99.67
民主	集中	1497	5	99.66
违法	犯罪	2126	8	99.62
审查	批准	448	2	99.55
形势	任务	431	2	99.53
友好	合作	7742	40	99.48
继承	发展	690	4	99.42
散	乱	497	3	99.4
建设者	接班人	159	1	99.37
今天	明天	156	1	99.36
经验	教训	1811	12	99.34
门	窗	1305	10	99.23
出发点	落脚点	238	2	99.16
生存	发展	1604	14	99.13
马克思	恩格斯	977	9	99.08
思想	品德	321	3	99.07
领导	同志们	105	1	99.05
坚持	发展	311	3	99.04

续表

第一项	第二项	正序频次	反序频次	可逆度得分
干部	群众	4349	50	98.86
民主	法制	1552	18	98.85
烟	酒	825	10	98.8
交通	运输	2278	29	98.74
宪法	法律	829	11	98.69
直接	间接	273	4	98.55
学习	掌握	384	6	98.46
明天	后天	58	1	98.3
职工	家属	115	2	98.29
水	土	2838	50	98.26
战略	战术	283	5	98.26
民主	专政	324	6	98.18
积极性	创造性	647	13	98.03
认识	对待	99	2	98.01
科学	技术	10244	226	97.84
培养	造就	677	15	97.83
干部	职工	2343	52	97.82
生产	销售	2010	47	97.71
生产	流通	638	15	97.7
物质	文化	718	17	97.68
思想	作风	717	18	97.55
解放	发展	595	15	97.54
单位	个人	3240	82	97.53
祖国	人民	707	18	97.51
革命	战争	1131	30	97.41
石油	天然气	1594	43	97.37

续表

第一项	第二项	正序频次	反序频次	可逆度得分
中央	地方	1765	48	97.35
传统	作风	327	9	97.32
关心	照顾	145	4	97.31
锻炼	提高	105	3	97.22
环境	发展	520	15	97.19
清理	纠正	68	2	97.14
路线	方针	1268	41	96.86
政府	人民	2275	74	96.84
战争	和平	303	10	96.8
政策	规定	775	26	96.75
达到	超过	87	3	96.66
认识	掌握	57	2	96.61
条例	规定	364	13	96.55
官方	民间	56	2	96.55
繁荣	富强	425	17	96.15
发展	壮大	1543	64	96.017
总统	副总统	142	6	95.94
理想	信念	516	22	95.91
重视	支持	513	22	95.88
生	死	4526	198	95.8
巩固	发展	1950	86	95.77
生机	活力	1018	45	95.76
国家	人民	1038	46	95.75
目标	要求	223	10	95.7
历史	现状	253	12	95.47
文学	艺术	2038	98	95.41

续表

第一项	第二项	正序频次	反序频次	可逆度得分
权利	义务	1262	61	95.38
检验	鉴定	81	4	95.29
想法	做法	60	3	95.23
收入	支出	159	8	95.2
生产	分配	119	6	95.2
国家	集体	1011	53	95.01
加快	深化	72	4	94.73
农业	农村	2347	134	94.59
掌握	运用	122	7	94.57
文明	野蛮	67	4	94.36
兴衰	成败	163	10	94.21
关心	支持	1350	85	94.07
学习	锻炼	46	3	93.87
关心	帮助	280	19	93.64
宣传	教育	1854	126	93.63
建设	经营	206	14	93.63
人	事	699	48	93.57
单位	群众	87	6	93.54
干扰	破坏	157	11	93.45
设计	生产	413	29	93.43
学习	讨论	211	15	93.36
长处	短处	70	5	93.33
治理	整顿	610	44	93.27
身高	体重	83	6	93.25
经营	管理	4599	336	93.19
知识性	趣味性	109	8	93.16

续表

第一项	第二项	正序频次	反序频次	可逆度得分
意见	要求	272	20	93.15
情况	问题	121	9	93.07
地位	作用	1326	100	92.98
领导	职工	117	9	92.85
理论	实践	1339	104	92.79
国营	集体	261	21	92.55
国家	地区	9190	742	92.52
白天	黑夜	319	26	92.46
自由	必然	36	3	92.3
产品	服务	428	36	92.24
生产	消费	479	41	92.11
立场	观点	404	35	92.02
允许	鼓励	92	8	92
人	机器	34	3	91.89
丰富	发展	393	35	91.82
纺织品	服装	322	29	91.73
历史	现实	718	65	91.69
知识	技能	375	34	91.68
推广	应用	1194	111	91.49
根	茎	247	23	91.48
调动	发挥	128	12	91.42
思想	行为	301	30	90.93
专业	业余	110	11	90.9
过去	现在	664	67	90.83
学习	推广	109	11	90.83
参谋	助手	89	9	90.81

续表

第一项	第二项	正序频次	反序频次	可逆度得分
国家	军队	306	31	90.8
教育	改造	138	14	90.78
男人	女人	501	53	90.43
组织	领导	1705	183	90.3
积极	主动	818	88	90.28
生产	生活	2027	227	89.92
学习	研究	649	74	89.76
政府	企业	1179	136	89.65
经验	体会	121	14	89.62
宗教	迷信	77	9	89.53
职责	分工	128	15	89.51
开源	节流	145	17	89.5
重要性	迫切性	74	9	89.15
理论	政策	156	19	89.14
恢复	重建	197	24	89.14
意见	建议	1774	219	89.01
国家	民族	1296	160	89.01
工人	农民	705	88	88.9
时间	地点	744	94	88.78
加工	处理	116	15	88.54
音乐	舞蹈	514	69	88.16
地区	单位	171	23	88.14
分析	批判	96	13	88.07
理想	追求	162	22	88.04
学习	深造	88	12	88
优点	缺点	66	9	88

续表

第一项	第二项	正序频次	反序频次	可逆度得分
生产	建设	1218	168	87.87
军队	地方	87	12	87.87
思想	品质	64	9	87.67
爸爸	妈妈	981	138	87.66
历史	文化	2733	387	87.59
全面	深入	300	43	87.46
计划	市场	292	42	87.42
探索	创新	113	17	86.92
时间	金钱	83	13	86.45
经营	使用	95	15	86.36
教育	培训	738	117	86.31
成绩	荣誉	44	7	86.27
光荣感	责任感	49	8	85.96
行为	习惯	114	19	85.71
鼓舞	鞭策	54	9	85.71
升学	就业	48	8	85.71
传统	现代	298	50	85.63
主观	客观	177	30	85.5
矛盾	问题	948	162	85.4
现金	实物	35	6	85.36
报纸	杂志	441	76	85.29
训练	比赛	335	58	85.24
广泛	深刻	119	21	85
内容	方法	180	32	84.9
性质	特点	89	16	84.76
侵略	扩张	100	18	84.74

续表

第一项	第二项	正序频次	反序频次	可逆度得分
商品	物资	100	18	84.74
政治	经济	6836	1247	84.57
预防	治疗	186	34	84.54
成功	失败	173	32	84.39
前途	命运	400	74	84.38
发展	变化	1042	193	84.37
缺点	错误	226	42	84.32
公正	持久	86	16	84.31
父母	子女	134	25	84.27
生机	希望	48	9	84.21
工业	服务业	37	7	84.09
思路	方法	58	11	84.05
补充	完善	110	21	83.96
语言	文化	298	57	83.94
充实	完善	141	27	83.92
电影	录像	62	12	83.78
环境	条件	648	127	83.61
指导	服务	110	22	83.33
处理	解决	84	17	83.16
信任	支持	133	27	83.12
愿望	决心	34	7	82.92
全局	长远	57	12	82.6
集体	个人	878	185	82.59
社会	人民	115	25	82.14
改革	发展	6510	1419	82.1
美国	加拿大	929	205	81.92

续表

第一项	第二项	正序频次	反序频次	可逆度得分
支持	帮助	875	198	81.54
组织	机构	916	210	81.34
时间	精力	568	131	81.25
和平	稳定	515	119	81.23
开发	经营	415	96	81.21
产量	质量	258	60	81.13
党委	纪委	34	8	80.95
少年	儿童	2126	501	80.92
理想	现实	123	29	80.92
心血	汗水	300	71	80.86
监督	检查	2157	522	80.51
宣传	介绍	113	28	80.14
姓名	地址	145	36	80.11
科研	生产	655	163	80.073
检举	揭发	200	50	80
和平	合作	108	27	80
学习	宣传	419	105	79.96
社会	历史	857	215	79.94
共产党员	领导干部	43	11	79.62
自信心	自豪感	62	16	79.48
鲜血	生命	162	42	79.41
教育	鼓舞	72	19	79.12
干部	工人	447	120	78.83
制度	措施	93	25	78.81
特点	规律	189	51	78.75
资金	技术	1754	475	78.68

续表

第一项	第二项	正序频次	反序频次	可逆度得分
宏观	微观	166	46	78.3
教学	科研	786	225	77.74
影响	带动	126	37	77.3
数量	质量	461	136	77.21
爱情	婚姻	205	61	77.06
支持	配合	344	103	76.95
亚洲	非洲	257	78	76.71
时间	条件	36	11	76.59
资金	劳动力	52	16	76.47
动机	目的	55	17	76.38
支持	资助	35	11	76.08
概念	术语	60	19	75.94
商业	供销	72	23	75.78
培养	选拔	646	211	75.37
食品	水	76	25	75.24
工业	商业	237	78	75.23
技术	管理	1165	392	74.82
管理	服务	724	244	74.79
愿望	要求	161	55	74.53
领导	管理	291	100	74.42
输入	输出	93	32	74.4
恢复	建立	39	14	73.58
科技	生产	175	64	73.22
加强	完善	194	71	73.2
机遇	挑战	478	177	72.97
家人	朋友	106	40	72.6

续表

第一项	第二项	正序频次	反序频次	可逆度得分
光明	希望	42	16	72.41
生理	心理	283	108	72.37
检举	控告	225	87	72.11
宣传	表彰	59	23	71.95
综合	分析	310	121	71.92
政策	法规	1216	476	71.86
资金	人力	89	35	71.77
智慧	汗水	94	37	71.75
目的	手段	55	22	71.42
修改	补充	203	82	71.22
亲人	朋友	76	31	71.02
地理	气候	83	34	70.94
技术	设备	1746	720	70.8
分析	评估	46	19	70.76
质量	价格	208	86	70.74
学习	生活	587	243	70.72
知识	经验	263	111	70.32
工业	农业	574	244	70.17
探索	追求	61	26	70.11
实力	水平	49	21	70
时代	社会	114	49	69.93
知识	技术	204	88	69.86
尊敬	爱戴	102	44	69.86
影响	制约	141	61	69.8
自然	社会	240	104	69.76
卫生	质量	115	50	69.69

续表

第一项	第二项	正序频次	反序频次	可逆度得分
政治	组织	39	17	69.64
荣誉	奖励	36	16	69.23
团结	友谊	98	44	69.01
鲜花	掌声	90	41	68.7
企业	产品	245	112	68.62
责任	义务	412	189	68.55
市场	社会	52	24	68.42
艰巨	复杂	161	76	67.93
时间	空间	545	260	67.7
地区	县	48	23	67.6
城市	农村	292	140	67.59
生活	艺术	146	70	67.59
学校	社会	157	76	67.38
认识	理解	190	92	67.37
鼓励	保护	74	36	67.27
教师	学生	248	122	67.02
美国	日本	1652	825	66.69
动物	植物	235	120	66.19
图片	实物	41	21	66.12
内容	形式	406	208	66.12
工作	生活	1411	726	66.02
个人	社会	157	81	65.96
经济	社会	9909	5141	65.84
部门	行业	337	175	65.82
常委	委员	122	64	65.59
物质	精神	332	176	65.35

续表

第一项	第二项	正序频次	反序频次	可逆度得分
年龄	性别	196	104	65.33
创造	发展	69	37	65.09
整顿	改革	52	28	65
创作	研究	86	47	64.66
能源	交通	941	516	64.58
勇气	力量	86	48	64.17
培养	教育	337	189	64.068
权力	责任	94	53	63.94
中部	南部	78	44	63.93
拥护	支持	147	83	63.91
支持	参与	289	165	63.65
措施	建议	33	19	63.46
科技	教育	1256	726	63.37
方案	措施	42	25	62.68
国际	国内	1596	963	62.36
自由	民主	469	283	62.36
质量	效率	107	66	61.84
数量	规模	94	58	61.84
文化	技术	327	202	61.81
批评	监督	31	20	60.78
教育	科学	610	395	60.69
推广	普及	192	127	60.18
工期	质量	39	26	60
家庭	社会	327	224	59.34
蔬菜	水果	452	312	59.16
组织	宣传	107	74	59.11

续表

第一项	第二项	正序频次	反序频次	可逆度得分
形状	大小	94	66	58.75
创新	发展	178	126	58.55
组装	生产	49	35	58.33
物资	技术	82	59	58.15
发现	发明	52	38	57.77
训练	管理	65	48	57.52
突破	进展	31	23	57.4
技术	经验	167	124	57.38
途径	方法	121	90	57.34
指导	帮助	177	132	57.28
黑人	白人	73	55	57.03
条件	能力	51	39	56.66
挫折	失败	64	49	56.63
宗教	哲学	207	160	56.4
知识	人才	41	32	56.16
抵制	反对	66	52	55.93
决心	信心	147	116	55.89
精神	肉体	106	84	55.78
比赛	表演	34	27	55.73
文字	图片	70	56	55.55
牺牲	贡献	31	25	55.35
管理	指导	80	65	55.17
体力	脑力	33	27	55
加强	发展	260	214	54.85
安全	健康	154	131	54.03
指导	管理	94	80	54.02

续表

第一项	第二项	正序频次	反序频次	可逆度得分
指导	监督	211	180	53.96
方法	工具	36	31	53.73
妻子	母亲	98	86	53.26
剥削	压迫	101	91	52.6
自由	权利	174	157	52.56
教育	启发	32	29	52.45
地区	行业	128	117	52.24
广度	深度	480	440	52.17
地位	权利	43	40	51.8
技术	人才	596	557	51.69
交流	沟通	153	145	51.34
老师	家长	90	87	50.84
欢乐	痛苦	71	69	50.71
影响	作用	166	163	50.45
概括	总结	58	57	50.43
太阳	地球	58	57	50.43

附录3　英语并列双项式优势词序的频次（按频次高低排序）

并列项	正序频次	反序频次	可逆度得分
men and women	1943	248	88.68
England and Wales	1630	30	98.19
economic and social	1039	746	58.2
health and safety	1035	29	97.27
black and white	1028	50	95.36
trade and industry	809	22	97.35
research and development	716	4	99.44
goods and service	636	0	100
science and technology	599	10	98.35
Mr and Mrs	576	2	99.65
law and order	566	0	100
education and training	527	81	86.67
social and political	497	236	67.8
mum and dad	485	11	97.78
women and children	473	8	98.33
bed and breakfast	472	1	99.78
name and address	457	1	99.78
political and economic	449	412	52.14

续表

并列项	正序频次	反序频次	可逆度得分
north and south	428	11	97.49
husband and wife	401	9	97.8
terms and conditions	386	2	99.48
oil and gas	381	26	93.61
east and west	369	61	85.81
profit and loss	340	0	100
management and business	338	39	89.65
boys and girls	337	83	80.23
family and friends	327	101	76.4
education and science	326	7	97.89
bits and pieces	325	1	99.69
town and country	316	5	98.44
brothers and sisters	313	14	95.71
day and night	306	109	73.73
deaf and dumb	275	0	100
ladies and gentlemen	266	3	98.88
radio and television	263	145	64.46
time and money	262	29	90.03
hardware and software	257	43	85.66
wait and see	254	0	100
national and international	248	19	92.88
economic and monetary	244	13	94.94
strengths and weaknesses	242	43	84.91
mother and father	237	140	62.86
life and death	236	9	96.32
hon. and learned	230	0	100

续表

并列项	正序频次	反序频次	可逆度得分
fruit and vegetables	230	38	85.82
industry and commerce	219	143	60.49
art and design	216	0	100
towns and cities	212	61	77.65
theory and practice	211	10	95.47
old and new	211	38	84.73
customs and excise	210	0	100
fish and chips	210	8	96.33
time and effort	201	6	97.1
social and cultural	200	53	79.05
rules and regulations	199	1	99.5
head and shoulders	198	4	98.01
bread and butter	196	0	100
salt and pepper	196	43	82
arms and legs	195	30	86.66
schools and colleges	194	13	93.71
Scotland and Wales	193	85	69.42
internal and external	189	65	74.4
parents and children	188	47	80
man and woman	185	8	95.85
towns and villages	185	30	86.04
Marx and Engels	184	4	97.87
physical and mental	183	113	61.82
central and local	182	50	78.44
highlands and islands	181	0	100
sales and marketing	179	39	82.11

续表

并列项	正序频次	反序频次	可逆度得分
fisheries and food	177	8	95.67
space and time	177	156	53.15
local and national	176	153	53.49
industrial and commercial	174	60	74.35
France and Germany	172	81	67.98
advantages and disadvantages	171	4	97.71
time and energy	164	8	95.34
costs and benefits	163	18	90.05
gold and silver	162	52	75.7
hot and cold	161	4	97.57
brother and sister	161	10	94.15
British and American	161	62	72.19
turned and looked	160	0	100
food and drink	160	4	97.56
names and addresses	157	1	99.36
aims and objectives	156	1	99.36
blue and white	155	62	71.42
trial and error	154	0	100
good and bad	154	4	97.46
large and small	154	70	68.75
tyne and wear	152	0	100
landlord and tenant	152	3	98.06
central and eastern	152	45	77.15
rank and file	151	0	100
upper and lower	151	33	82.06
prince and princess	150	0	100

续表

并列项	正序频次	反序频次	可逆度得分
wife and children	150	0	100
science and engineering	150	5	96.77
products and services	150	16	90.36
pros and cons	149	0	100
training and enterprise	149	3	98.02
Britain and France	148	65	69.48
knowledge and skills	148	87	62.97
positive and negative	147	30	83.05
Marks and Spencer	145	0	100
accident and emergency	145	1	99.31
monopolies and merges	144	0	100
policy and resources	143	3	97.94
July and August	142	1	99.3
fathers and son	140	3	97.9
plants and animals	140	131	51.66
young and old	138	36	79.31
rich and poor	137	4	97.16
private and public	137	77	64.01
males and females	136	5	96.45
age and sex	135	32	80.83
time and place	135	44	75.41
friends and relatives	135	102	56.96
cause and effect	134	2	98.52
part and parcel	133	0	100
rises and falls	131	2	98.49
trees and shrubs	131	33	79.87

续表

并列项	正序频次	反序频次	可逆度得分
formal and informal	130	18	87.83
waste and recycling	129	2	98.47
Charles and Diana	129	29	81.64
ups and downs	128	0	100
Oxford and Cambridge	128	13	90.78
tea and coffee	128	19	87.07
flora and fauna	128	38	77.1
pay and conditions	127	6	95.48
shapes and sizes	127	13	90.71
Victoria and Albert	126	0	100
care and attention	126	6	95.45
policy and practice	126	6	95.45
urban and regional	126	6	95.45
read and write	124	2	98.41
wear and tear	123	0	100
true and fair	123	1	99.19
advice and assistance	123	7	94.61
England and Scotland	123	55	69.1
personal and social	122	36	77.21
hands and feet	121	15	88.97
computing and methodology	120	0	100
words and phrases	120	0	100
Australia and New (Zealand)	120	30	80
arts and crafts	119	0	100
iron and steel	119	3	97.54
individuals and groups	119	67	63.97

续表

并列项	正序频次	反序频次	可逆度得分
spring and summer	118	0	100
rights and obligations	118	7	94.4
high and low	118	22	84.28
knowledge and experience	118	47	71.51
south and east	118	47	71.51
mind and body	118	50	70.23
tried and tested	116	2	98.3
Romeo and Juliet	114	0	100
size and shape	114	53	68.26
alive and well	113	0	100
materials and methods	113	23	83.08
agriculture and food	113	61	64.94
life and work	112	8	93.33
Europe and North (America)	112	30	78.87
north and west	112	38	74.66
help and advice	112	42	72.72
Saturday and Sunday	111	1	99.1
transport and communications	111	15	88.09
banks and building	110	0	100
May and June	110	0	100
health and welfare	110	7	94.01
intents and purposes	109	0	100
rights and duties	108	8	93.1
income and expenditure	108	17	86.4
doctors and nurses	106	19	84.8
crime and punishment	105	0	100

续表

并列项	正序频次	反序频次	可逆度得分
children and adults	105	93	53.03
flesh and blood	104	1	99.04
restrictions and limitations	104	3	97.19
left and right	104	18	85.24
political and military	104	60	63.41
cherry and whites	103	0	100
facts and figures	103	0	100
city and guilds	102	0	100
red and white	102	16	86.44
friends and colleagues	102	26	79.68
January and February	100	0	100
Britain and Ireland	100	6	94.33
growth and development	100	22	81.96
policemen and women	99	0	100
security and co-operation	99	1	99
mother and baby	99	4	96.11
France and Italy	99	32	75.57
marks and spencers	98	0	100
tariffs and trade	97	3	97
live and work	97	7	93.26
top and bottom	96	1	98.96
turned and walked	95	0	100
direct and indirect	95	4	95.95
hands and knees	94	0	100
bought and sold	94	3	96.9
input and output	94	10	90.38

续表

并列项	正序频次	反序频次	可逆度得分
newspapers and magazines	94	32	74.6
teaching and learning	94	54	63.51
Europe and America	94	74	55.95
information and advice	94	74	55.95
urban and rural	94	79	54.33
(West) Bank and Gaza	93	0	100
fish and chip	93	1	98.93
days and nights	93	7	93
film and television	93	21	81.57
political and cultural	93	50	65.03
national and regional	93	61	60.38
TV and radio	93	68	57.76
staff and students	93	69	57.4
assets and liabilities	92	7	92.92
knowledge and understanding	92	10	90.19
scientific and technical	92	20	82.14
friends and neighbours	92	25	78.63
teachers and pupils	90	44	67.16
parents and teachers	90	61	59.6
health and education	90	67	57.32
gas and electricity	89	27	76.72
can and should	88	3	96.7
co-operation and development	88	5	94.62
wind and rain	88	15	85.43
mother and child	87	5	94.56
said and done	87	6	93.54

续表

并列项	正序频次	反序频次	可逆度得分
doors and windows	87	45	65.9
day and age	86	0	100
noble and learned	86	0	100
Adam and Eve	86	3	96.62
Friday and Saturday	85	0	100
knife and fork	85	4	95.5
Britain and America	85	40	68
regional and local	85	54	61.15
vitamins and minerals	84	13	86.59
supply and demand	84	80	51.21
king and queen	83	0	100
gains and losses	83	3	96.51
sons and daughters	83	3	96.51
teaching and research	83	46	64.34
British and French	83	57	59.28
policy and decision	82	0	100
designed and built	82	2	97.61
economic and financial	82	19	81.18
Germany and Italy	82	34	70.68
mother and daughter	81	1	98.78
syntactic and semantic	81	6	93.1
thoughts and feelings	81	10	89.01
food and water	81	14	85.26
planning and development	81	28	74.31
plant and animal	81	40	66.94
scientific and technological	80	3	96.38

续表

并列项	正序频次	反序频次	可逆度得分
health and fitness	80	7	91.95
training and development	80	26	75.47
gin and tonic	79	0	100
June and July	79	0	100
futures and options	79	1	98.75
France and Spain	79	22	78.21
England and France	79	45	63.7
buy and sell	78	3	96.29
bread and cheese	78	4	95.12
Devon and Cornwall	78	8	90.69
quick and easy	78	10	88.63
eyes and ears	77	13	85.55
environment and development	76	6	92.68
efficiency and effectiveness	76	7	91.56
design and construction	76	7	91.56
universities and polytechnics	76	18	80.85
museums and galleries	76	28	73.07
physical and emotional	76	31	71.02
capital and labour	76	50	60.31
April and May	75	0	100
March and April	75	0	100
peace and security	75	14	84.26
August and September	74	0	100
censuses and surveys	74	0	100
can and do	74	0	100
address and telephone	74	1	98.66

续表

并列项	正序频次	反序频次	可逆度得分
political and ideological	74	18	80.43
inner and outer	74	23	76.28
morbidity and mortality	74	25	74.74
wages and prices	74	30	71.15
length and breadth	73	0	100
time and resources	73	2	97.33
Czech and Slovak	73	2	97.33
sand and gravel	73	3	96.05
food and wine	73	14	83.9
language and literature	73	14	83.9
cup and saucer	72	0	100
production and distribution	72	0	100
church and state	72	4	94.73
fair and reasonable	72	5	93.5
land and buildings	72	7	91.13
coal and steel	72	13	84.7
social and environmental	72	23	75.78
Iraq and Kuwait	72	25	74.22
domestic and foreign	72	30	70.58
Africa and Asia	72	36	66.66
nature and extent	72	38	65.45
south and west	72	40	64.28
September and October	71	0	100
patients and methods	71	1	98.61
summer and autumn	71	1	98.61
Spain and Portugal	71	33	68.26

续表

并列项	正序频次	反序频次	可逆度得分
male and female	71	38	65.13
quality and quantity	71	60	54.19
lesbian and gay	70	36	66.03
birds and animals	70	40	63.63
Benson and hedges	69	0	100
Yorkshire and Humberside	69	1	98.57
hearts and minds	69	9	88.46
India and Pakistan	69	10	87.34
social and psychological	69	32	68.31
male and female	69	38	64.48
beginning and end	68	1	98.55
war and peace	68	22	75.55
Germany and Japan	68	30	69.38
training and employment	68	43	61.26
stocks and shares	67	0	100
stopped and looked	67	0	100
horse and cart	67	1	98.52
hard and fast	67	1	98.52
rich and famous	67	1	98.52
nuts and bolts	67	3	95.71
husbands and wives	67	6	91.78
language and culture	67	19	77.9
north and east	67	32	67.67
steak and kidney	66	0	100
securities and investments	66	0	100
ebb and flow	66	1	98.5

续表

并列项	正序频次	反序频次	可逆度得分
charges and expenses	66	2	97.05
could and should	66	4	94.28
wife and mother	66	7	90.41
coming and going	66	10	86.84
HIV and AIDS	66	12	84.61
primary and secondary	66	13	83.54
further and higher	66	45	59.45
aches and pains	65	0	100
autumn and winter	65	0	100
Trinidad and Tobago	65	0	100
wife and family	65	0	100
see and do	65	0	100
retribution and deterrence	65	1	98.48
technology and innovation	65	2	97.01
reconstruction and development	65	3	95.58
give and take	65	5	92.85
head and neck	65	14	82.27
lesbians and gays	65	14	82.27
date and time	65	22	74.71
honeymoon and silver	64	0	100
come and gone	64	0	100
February and March	64	1	98.46
small and medium-sized	64	2	96.96
born and bred	64	2	96.96
fixtures and fittings	64	3	95.52
plant and machinery	64	5	92.75

续表

并列项	正序频次	反序频次	可逆度得分
labour and social	64	6	91.42
mummy and daddy	64	7	90.14
body and soul	64	9	87.67
road and rail	64	19	77.1
cattle and sheep	64	46	58.18
behaviour and attitudes	64	61	51.2
duke and duchess	63	0	100
pots and pans	63	0	100
report and accounts	63	1	98.43
wives and children	63	2	96.92
heaven and earth	63	3	95.45
house and garden	63	5	92.64
lived and worked	63	5	92.64
front and back	63	29	68.47
economic and cultural	63	32	66.31
blue and green	63	51	55.26
mills and boon	62	0	100
fame and fortune	62	1	98.41
wife and daughter	62	1	98.41
management and relations	62	4	93.93
library and information	62	5	92.53
morning and evening	62	5	92.53
buyers and sellers	62	7	89.85
similarities and differences	62	18	77.5
bars and restaurants	62	32	65.95
turned and went	61	0	100

续表

并列项	正序频次	反序频次	可逆度得分
sit and watch	61	0	100
pride and joy	61	6	91.04
domestic and international	61	9	87.14
income and wealth	61	18	77.21
rights and wrongs	60	0	100
was and is	60	2	96.77
ownership and control	60	5	92.3
scientists and engineers	60	17	77.92
Slovenia and Croatia	60	43	58.25
ways and means	59	0	100
turned and ran	59	0	100
production and consumption	59	7	89.39
pink and white	59	12	83.09
posts and telecommunications	59	13	81.94
see and hear	59	16	78.66
knives and forks	58	0	100

附录4 英语并列双项式可逆度得分情况(按可逆度得分高低排序)

并列项	正序频次	反序频次	可逆度得分
goods and service	636	0	100
law and order	566	0	100
profit and loss	340	0	100
deaf and dumb	275	0	100
wait and see	254	0	100
hon. and learned	230	0	100
art and design	216	0	100
customs and excise	210	0	100
bread and butter	196	0	100
highlands and islands	181	0	100
turned and looked	160	0	100
trial and error	154	0	100
tyne and wear	152	0	100
rank and file	151	0	100
prince and princess	150	0	100
wife and children	150	0	100
pros and cons	149	0	100
Marks and Spencer	145	0	100

续表

并列项	正序频次	反序频次	可逆度得分
monopolies and merges	144	0	100
part and parcel	133	0	100
ups and downs	128	0	100
Victoria and Albert	126	0	100
wear and tear	123	0	100
computing and methodology	120	0	100
words and phrases	120	0	100
arts and crafts	119	0	100
spring and summer	118	0	100
Romeo and Juliet	114	0	100
alive and well	113	0	100
banks and building	110	0	100
May and June	110	0	100
intents and purposes	109	0	100
crime and punishment	105	0	100
cherry and whites	103	0	100
facts and figures	103	0	100
city and guilds	102	0	100
January and February	100	0	100
policemen and women	99	0	100
marks and spencers	98	0	100
turned and walked	95	0	100
hands and knees	94	0	100
(West) Bank and Gaza	93	0	100
day and age	86	0	100
noble and learned	86	0	100

续表

并列项	正序频次	反序频次	可逆度得分
Friday and Saturday	85	0	100
king and queen	83	0	100
policy and decision	82	0	100
gin and tonic	79	0	100
June and July	79	0	100
April and May	75	0	100
March and April	75	0	100
August and September	74	0	100
censuses and surveys	74	0	100
can and do	74	0	100
length and breadth	73	0	100
cup and saucer	72	0	100
production and distribution	72	0	100
September and October	71	0	100
Benson and hedges	69	0	100
stocks and shares	67	0	100
stopped and looked	67	0	100
steak and kidney	66	0	100
securities and investments	66	0	100
aches and pains	65	0	100
autumn and winter	65	0	100
Trinidad and Tobago	65	0	100
wife and family	65	0	100
see and do	65	0	100
honeymoon and silver	64	0	100
come and gone	64	0	100

续表

并列项	正序频次	反序频次	可逆度得分
duke and duchess	63	0	100
pots and pans	63	0	100
mills and boon	62	0	100
turned and went	61	0	100
sit and watch	61	0	100
rights and wrongs	60	0	100
ways and means	59	0	100
turned and ran	59	0	100
knives and forks	58	0	100
bed and breakfast	472	1	99.78
name and address	457	1	99.78
bits and pieces	325	1	99.69
Mr. and Mrs.	576	2	99.65
rules and regulations	199	1	99.5
terms and conditions	386	2	99.48
research and development	716	4	99.44
names and addresses	157	1	99.36
aims and objectives	156	1	99.36
accident and emergency	145	1	99.31
July and August	142	1	99.3
true and fair	123	1	99.19
Saturday and Sunday	111	1	99.1
flesh and blood	104	1	99.04
security and co-operation	99	1	99
top and bottom	96	1	98.96
fish and chip	93	1	98.93

续表

并列项	正序频次	反序频次	可逆度得分
ladies and gentlemen	266	3	98.88
mother and daughter	81	1	98.78
futures and options	79	1	98.75
address and telephone	74	1	98.66
patients and methods	71	1	98.61
summer and autumn	71	1	98.61
Yorkshire and Humberside	69	1	98.57
beginning and end	68	1	98.55
cause and effect	134	2	98.52
horse and cart	67	1	98.52
hard and fast	67	1	98.52
rich and famous	67	1	98.52
ebb and flow	66	1	98.5
rises and falls	131	2	98.49
retribution and deterrence	65	1	98.48
waste and recycling	129	2	98.47
February and March	64	1	98.46
town and country	316	5	98.44
report and accounts	63	1	98.43
read and write	124	2	98.41
fame and fortune	62	1	98.41
wife and daughter	62	1	98.41
science and technology	599	10	98.35
women and children	473	8	98.33
tried and tested	116	2	98.3
England and Wales	1630	30	98.19

续表

并列项	正序频次	反序频次	可逆度得分
landlord and tenant	152	3	98.06
training and enterprise	149	3	98.02
head and shoulders	198	4	98.01
policy and resources	143	3	97.94
fathers and son	140	3	97.9
education and science	326	7	97.89
Marx and Engels	184	4	97.87
husband and wife	401	9	97.8
mum and dad	485	11	97.78
advantages and disadvantages	171	4	97.71
designed and built	82	2	97.61
hot and cold	161	4	97.57
food and drink	160	4	97.56
iron and steel	119	3	97.54
north and south	428	11	97.49
good and bad	154	4	97.46
trade and industry	809	22	97.35
time and resources	73	2	97.333
Czech and Slovak	73	2	97.333
health and safety	1035	29	97.27
restrictions and limitations	104	3	97.19
rich and poor	137	4	97.16
time and effort	201	6	97.1
charges and expenses	66	2	97.05
technology and innovation	65	2	97.01
tariffs and trade	97	3	97

续表

并列项	正序频次	反序频次	可逆度得分
small and medium-sized	64	2	96.96
born and bred	64	2	96.96
wives and children	63	2	96.92
bought and sold	94	3	96.9
science and engineering	150	5	96.77
was and is	60	2	96.77
can and should	88	3	96.7
Adam and Eve	86	3	96.62
gains and losses	83	3	96.51
sons and daughters	83	3	96.51
males and females	136	5	96.45
scientific and technological	80	3	96.38
fish and chips	210	8	96.33
life and death	236	9	96.32
buy and sell	78	3	96.29
mother and baby	99	4	96.11
sand and gravel	73	3	96.05
direct and indirect	95	4	95.95
man and woman	185	8	95.85
brothers and sisters	313	14	95.71
nuts and bolts	67	3	95.71
fisheries and food	177	8	95.67
reconstruction and development	65	3	95.58
fixtures and fittings	64	3	95.52
knife and fork	85	4	95.5
pay and conditions	127	6	95.48

续表

并列项	正序频次	反序频次	可逆度得分
theory and practice	211	10	95.47
care and attention	126	6	95.45
policy and practice	126	6	95.45
urban and regional	126	6	95.45
heaven and earth	63	3	95.45
black and white	1028	50	95.36
time and energy	164	8	95.34
bread and cheese	78	4	95.12
economic and monetary	244	13	94.94
church and state	72	4	94.73
co-operation and development	88	5	94.62
advice and assistance	123	7	94.61
mother and child	87	5	94.56
rights and obligations	118	7	94.4
Britain and Ireland	100	6	94.33
could and should	66	4	94.28
brother and sister	161	10	94.15
health and welfare	110	7	94.01
management and relations	62	4	93.93
schools and colleges	194	13	93.71
oil and gas	381	26	93.61
said and done	87	6	93.54
fair and reasonable	72	5	93.5
life and work	112	8	93.33
live and work	97	7	93.26
rights and duties	108	8	93.1

续表

并列项	正序频次	反序频次	可逆度得分
syntactic and semantic	81	6	93.1
days and nights	93	7	93
assets and liabilities	92	7	92.92
national and international	248	19	92.88
give and take	65	5	92.85
plant and machinery	64	5	92.75
environment and development	76	6	92.68
house and garden	63	5	92.64
lived and worked	63	5	92.64
library and information	62	5	92.53
morning and evening	62	5	92.53
ownership and control	60	5	92.3
health and fitness	80	7	91.95
husbands and wives	67	6	91.78
efficiency and effectiveness	76	7	91.56
design and construction	76	7	91.56
labour and social	64	6	91.42
land and buildings	72	7	91.13
pride and joy	61	6	91.04
Oxford and Cambridge	128	13	90.78
shapes and sizes	127	13	90.71
Devon and Cornwall	78	8	90.69
wife and mother	66	7	90.41
input and output	94	10	90.38
products and services	150	16	90.36
knowledge and understanding	92	10	90.19

续表

并列项	正序频次	反序频次	可逆度得分
mummy and daddy	64	7	90.14
costs and benefits	163	18	90.05
time and money	262	29	90.03
buyers and sellers	62	7	89.85
management and business	338	39	89.65
production and consumption	59	7	89.39
thoughts and feelings	81	10	89.01
hands and feet	121	15	88.97
men and women	1943	248	88.68
quick and easy	78	10	88.63
hearts and minds	69	9	88.46
transport and communications	111	15	88.09
formal and informal	130	18	87.83
body and soul	64	9	87.67
India and Pakistan	69	10	87.34
domestic and international	61	9	87.14
tea and coffee	128	19	87.07
coming and going	66	10	86.84
education and training	527	81	86.67
arms and legs	195	30	86.66
vitamins and minerals	84	13	86.59
red and white	102	16	86.44
income and expenditure	108	17	86.4
towns and villages	185	30	86.04
fruit and vegetables	230	38	85.82
east and west	369	61	85.81

续表

并列项	正序频次	反序频次	可逆度得分
hardware and software	257	43	85.66
eyes and ears	77	13	85.55
wind and rain	88	15	85.43
food and water	81	14	85.26
left and right	104	18	85.24
strengths and weaknesses	242	43	84.91
doctors and nurses	106	19	84.8
old and new	211	38	84.73
coal and steel	72	13	84.7
HIV and AIDS	66	12	84.61
high and low	118	22	84.28
peace and security	75	14	84.26
food and wine	73	14	83.9
language and literature	73	14	83.9
primary and secondary	66	13	83.54
pink and white	59	12	83.09
materials and methods	113	23	83.08
positive and negative	147	30	83.05
head and neck	65	14	82.27
lesbians and gays	65	14	82.27
scientific and technical	92	20	82.14
sales and marketing	179	39	82.11
upper and lower	151	33	82.06
salt and pepper	196	43	82
growth and development	100	22	81.96
posts and telecommunications	59	13	81.94

续表

并列项	正序频次	反序频次	可逆度得分
Charles and Diana	129	29	81.64
film and television	93	21	81.57
economic and financial	82	19	81.18
universities and polytechnics	76	18	80.85
age and sex	135	32	80.83
political and ideological	74	18	80.43
boys and girls	337	83	80.23
parents and children	188	47	80
Australia and New Zealand	120	30	80
trees and shrubs	131	33	79.87
friends and colleagues	102	26	79.68
young and old	138	36	79.31
social and cultural	200	53	79.05
Europe and North America	112	30	78.87
see and hear	59	16	78.66
friends and neighbours	92	25	78.63
central and local	182	50	78.44
France and Spain	79	22	78.21
scientists and engineers	60	17	77.92
language and culture	67	19	77.9
towns and cities	212	61	77.65
similarities and differences	62	18	77.5
personal and social	122	36	77.21
income and wealth	61	18	77.21
central and eastern	152	45	77.15
flora and fauna	128	38	77.1

续表

并列项	正序频次	反序频次	可逆度得分
road and rail	64	19	77.1
gas and electricity	89	27	76.72
family and friends	327	101	76.4
inner and outer	74	23	76.28
social and environmental	72	23	75.78
gold and silver	162	52	75.7
France and Italy	99	32	75.57
war and peace	68	22	75.55
training and development	80	26	75.47
time and place	135	44	75.41
morbidity and mortality	74	25	74.74
date and time	65	22	74.71
north and west	112	38	74.66
newspapers and magazines	94	32	74.6
internal and external	189	65	74.4
industrial and commercial	174	60	74.35
planning and development	81	28	74.31
Iraq and Kuwait	72	25	74.22
day and night	306	109	73.73
museums and galleries	76	28	73.07
help and advice	112	42	72.72
British and American	161	62	72.19
knowledge and experience	118	47	71.51
south and east	118	47	71.51
blue and white	155	62	71.42
wages and prices	74	30	71.15

续表

并列项	正序频次	反序频次	可逆度得分
physical and emotional	76	31	71.02
Germany and Italy	82	34	70.68
domestic and foreign	72	30	70.58
mind and body	118	50	70.23
Britain and France	148	65	69.48
Scotland and Wales	193	85	69.42
Germany and Japan	68	30	69.38
England and Scotland	123	55	69.1
large and small	154	70	68.75
front and back	63	29	68.47
social and psychological	69	32	68.31
size and shape	114	53	68.26
Spain and Portugal	71	33	68.26
Britain and America	85	40	68
France and Germany	172	81	67.98
social and political	497	236	67.8
north and east	67	32	67.67
teachers and pupils	90	44	67.16
plant and animal	81	40	66.94
Africa and Asia	72	36	66.66
economic and cultural	63	32	66.31
lesbian and gay	70	36	66.03
bars and restaurants	62	32	65.95
doors and windows	87	45	65.9
nature and extent	72	38	65.45
male and female	71	38	65.13

续表

并列项	正序频次	反序频次	可逆度得分
political and cultural	93	50	65.03
agriculture and food	113	61	64.94
male and female	69	38	64.48
radio and television	263	145	64.46
teaching and research	83	46	64.34
south and west	72	40	64.28
private and public	137	77	64.01
individuals and groups	119	67	63.97
England and France	79	45	63.7
birds and animals	70	40	63.63
teaching and learning	94	54	63.51
political and military	104	60	63.41
knowledge and skills	148	87	62.97
mother and father	237	140	62.86
physical and mental	183	113	61.82
training and employment	68	43	61.26
regional and local	85	54	61.15
industry and commerce	219	143	60.49
national and regional	93	61	60.38
capital and labour	76	50	60.31
parents and teachers	90	61	59.6
further and higher	66	45	59.45
British and French	83	57	59.28
Slovenia and Croatia	60	43	58.25
economic and social	1039	746	58.2
cattle and sheep	64	46	58.18

续表

并列项	正序频次	反序频次	可逆度得分
TV and radio	93	68	57.76
staff and students	93	69	57.4
health and education	90	67	57.32
friends and relatives	135	102	56.96
Europe and America	94	74	55.95
information and advice	94	74	55.95
blue and green	63	51	55.26
urban and rural	94	79	54.33
quality and quantity	71	60	54.19
local and national	176	153	53.49
space and time	177	156	53.15
children and adults	105	93	53.03
political and economic	449	412	52.14
plants and animals	140	131	51.66
supply and demand	84	80	51.21
behaviour and attitudes	64	61	51.2

附录5 汉语并列双项式词序制约因素分布

第一项	第二项	权力	时间	显著性	重要性	积极性	递升	平仄调序	音节数量	音节奇偶	词频
革命	建设		V								V
当前	今后		V								V
地方	企业			V	V						V -
党	群众	V		V	V				V	V -	V
颁布	施行		V				V				V
分析	解决		V				V				V -
专职	兼职				V	V					V
学习	发扬		V				V				V
理解	贯彻		V								V
制定	公布		V				V				V
生产	交换		V								V
坚持	依靠		V				V				V
林彪	四人帮			V -					V	V	V -
认识	改造		V				V				V
恢复	发扬		V				V				V
继承	转让		V				V				V
左	右			V	V			V			V

续表

第一项	第二项	权力	时间	显著性	重要性	积极性	递升	平仄调序	音节数量	音节奇偶	词频
内	外			V	V		V				V -
党中央	国务院	V		V	V						V -
建立	健全		V			V					V
继承	发扬		V			V					V
建立	完善		V			V					V
名	利			V	V		V				V -
改革	开放		V								V
风	雨		V				V				V
现在	将来		V								V
党	国家	V		V	V				V	V -	V -
民主	集中			V	V						V
违法	犯罪					V					V -
审查	批准		V			V					V
形势	任务			V	V						V -
友好	合作			V	V						V -
继承	发展	V				V					V
散	乱					V	V				V -
建设者	接班人					V					V
今天	明天	V									V
经验	教训				V						V
门	窗			V	V			V -			V
出发点	落脚点	V									V
生存	发展	V				V					V -
马克思	恩格斯			V	V						V
思想	品德										V

续表

第一项	第二项	权力	时间	显著性	重要性	积极性	递升	平仄调序	音节数量	音节奇偶	词频
领导	同志们	V		V	V				V	V	V
坚持	发展		V				V				V -
干部	群众	V		V	V						V -
民主	法制			V	V						V
烟	酒							V			V -
交通	运输			V							V
宪法	法律				V						V
直接	间接					V					V
学习	掌握			V			V				V
明天	后天		V								V
职工	家属			V	V						V
水	土			V	V						V
战略	战术										V
民主	专政			V	V						V
积极性	创造性					V					V
认识	对待		V				V				V
科学	技术			V	V						V
培养	造就		V				V				V
干部	职工	V		V	V						V
生产	销售		V								V
生产	流通		V								V
物质	文化			V							V -
思想	作风										V
解放	发展		V				V				V -
单位	个人	V		V	V						V -

续表

第一项	第二项	权力	时间	显著性	重要性	积极性	递升	平仄调序	音节数量	音节奇偶	词频
祖国	人民	√		√	√						√ -
革命	战争		√								√
石油	天然气			√					√	√	√
中央	地方	√		√	√						√ -
传统	作风			√	√						
关心	照顾						√				√
锻炼	提高		√				√				√ -
环境	发展			√	√						√ -
清理	纠正		√				√				
路线	方针		√								√
政府	人民	√		√							√ -
战争	和平					√ -					√ -
政策	规定			√							
达到	超过		√				√				√
认识	掌握		√				√				√
条例	规定			√	√						√
官方	民间	√		√	√						√ -
繁荣	富强										√
发展	壮大		√				√				
总统	副总统	√		√					√	√	√
理想	信念			√	√						
重视	支持		√				√				√ -
生	死		√		√		√				√
巩固	发展		√				√				√ -
生机	活力										√ +

续表

第一项	第二项	权力	时间	显著性	重要性	积极性	递升	平仄调序	音节数量	音节奇偶	词频
国家	人民	V		V	V						V-
目标	要求			V	V						V-
历史	现状		V								
文学	艺术			V-							V-
权利	义务			V	V	V					V
检验	鉴定		V								V
想法	做法		V			V					V-
收入	支出					V					V
生产	分配		V								V
国家	集体	V		V	V						V
加快	深化		V			V					V
农业	农村										V
掌握	运用		V			V					V
文明	野蛮					V					V
兴衰	成败					V-					V-
关心	支持		V			V					V
学习	锻炼			V	V						V
关心	帮助		V			V					V-
宣传	教育		V								V
建设	经营		V								V
人	事	V		V	V			V			V
单位	群众	V		V	V						V
干扰	破坏		V								V
设计	生产		V			V					V-
学习	讨论		V			V					V

续表

第一项	第二项	权力	时间	显著性	重要性	积极性	递升	平仄调序	音节数量	音节奇偶	词频
长处	短处				√						√
治理	整顿	√					√				√
身高	体重			√							√-
经营	管理	√					√				√-
知识性	趣味性			√	√						√
意见	要求	√					√				√-
情况	问题			√							√-
地位	作用			√							√-
领导	职工	√		√	√						√
理论	实践			√	√						√
国营	集体			√	√						√-
国家	地区			√	√						√
白天	黑夜			√	√	√					√
自由	必然					√					√
产品	服务			√	√						√
生产	消费		√								√
立场	观点			√	√						√
允许	鼓励		√				√				√
人	机器	√		√	√				√	√	√
丰富	发展		√				√				√-
纺织品	服装			√	√				√-	√	√-
历史	现实		√								√
知识	技能			√	√						√
推广	应用		√				√				√-
根	茎			√	√						

续表

第一项	第二项	权力	时间	显著性	重要性	积极性	递升	平仄调序	音节数量	音节奇偶	词频
调动	发挥	V				V					V-
思想	行为	V				V					V
专业	业余			V	V	V					V
过去	现在		V								V-
学习	推广		V			V					V
参谋	助手			V	V						V
国家	军队	V	V								V
教育	改造			V			V				V
男人	女人	V									V-
组织	领导		V				V				V
积极	主动						V				V
生产	生活			V-							
学习	研究		V				V				V
政府	企业	V		V							V
经验	体会			V	V	V					V
宗教	迷信					V					V
职责	分工			V	V						V
开源	节流					V					V
重要性	迫切性						V				V
理论	政策			V	V						V-
恢复	重建		V				V				V
意见	建议		V								V
国家	民族	V		V	V						V
工人	农民	V		V	V						V-
时间	地点			V	V						V

续表

第一项	第二项	权力	时间	显著性	重要性	积极性	递升	平仄调序	音节数量	音节奇偶	词频
加工	处理		V				V				V -
音乐	舞蹈			V	V						V
地区	单位			V	V						V
分析	批判		V				V				V
理想	追求		V	V	V						V -
学习	深造		V				V				V
优点	缺点					V					V -
生产	建设			V	V						V
军队	地方	V		V	V						V -
思想	品质			V							V
爸爸	妈妈	V									V -
历史	文化			V							V
全面	深入						V				V
计划	市场			V	V						V -
探索	创新		V				V				V
时间	金钱			V	V						V
经营	使用		V				V				V
教育	培训		V				V				V
成绩	荣誉						V				V
光荣感	责任感						V				V -
行为	习惯			V	V		V				V
鼓舞	鞭策		V				V				V
升学	就业		V								V
传统	现代		V								V -
主观	客观			V -							V -

续表

第一项	第二项	权力	时间	显著性	重要性	积极性	递升	平仄调序	音节数量	音节奇偶	词频
矛盾	问题		V								V -
现金	实物			V							V
报纸	杂志		V		V						V
训练	比赛		V								V -
广泛	深刻						V				V
内容	方法			V	V						V -
性质	特点			V -	V						V -
侵略	扩张		V				V				V
商品	物资			V	V						V
政治	经济			V	V						V
预防	治疗		V				V				V -
成功	失败					V					V
前途	命运						V				V -
发展	变化		V				V				V
缺点	错误						V				V -
公正	持久			V	V						V
父母	子女	V									V
生机	希望										V -
工业	服务业			V	V				V	V	V
思路	方法			V	V						V -
补充	完善		V				V				V -
语言	文化			V							V -
充实	完善		V								V -
电影	录像		V	V	V						V
环境	条件			V	V						V -

续表

第一项	第二项	权力	时间	显著性	重要性	积极性	递升	平仄调序	音节数量	音节奇偶	词频
指导	服务		V				V				V -
处理	解决		V				V				V -
信任	支持		V				V				V
愿望	决心			V	V						V
全局	长远			V	V		V				V
集体	个人	V		V	V						V -
社会	人民	V		V	V						V -
改革	发展		V				V				V -
美国	加拿大			V	V				V	V	V
支持	帮助		V				V				V
组织	机构										V
时间	精力			V	V						V
和平	稳定			V	V						V -
开发	经营		V								V
产量	质量			V	V						V -
党委	纪委	V									V
少年	儿童	V		V							V
理想	现实		V -								V -
心血	汗水			V	V		V -				V
监督	检查		V				V				V
宣传	介绍		V				V				V
姓名	地址			V							V
科研	生产			V	V						V -
检举	揭发		V				V				V -
和平	合作			V	V		V				V

续表

第一项	第二项	权力	时间	显著性	重要性	积极性	递升	平仄调序	音节数量	音节奇偶	词频
学习	宣传	√					√				√ -
社会	历史			√	√						√
共产党员	领导干部	√		√	√						√ -
自信心	自豪感			√	√						√
鲜血	生命					√					√
教育	鼓舞		√				√				√
干部	工人	√		√	√						√
制度	措施			√	√						√
特点	规律			√							√
资金	技术			√	√						√ -
宏观	微观			√							
教学	科研			√	√						√ -
影响	带动		√			√					
数量	质量			√	√						√ -
爱情	婚姻		√	√	√						√
支持	配合		√			√					√
亚洲	非洲			√	√						√
时间	条件			√	√						√
资金	劳动力			√	√						√
动机	目的			√	√						√ -
支持	资助		√			√					√
概念	术语			√	√						√
商业	供销			√							√
培养	选拔		√			√					√

续表

第一项	第二项	权力	时间	显著性	重要性	积极性	递升	平仄调序	音节数量	音节奇偶	词频
食品	水			√	√						√
工业	商业			√	√						√
技术	管理			√	√						√
管理	服务			√	√						√ -
愿望	要求			√	√		√				√ -
领导	管理	√					√				√ -
输入	输出					√					√ -
恢复	建立		√				√				√ -
科技	生产			√	√						√
加强	完善		√				√				√
机遇	挑战					√					√ -
家人	朋友			√	√						√
光明	希望			√	√		√				√
生理	心理			√	√						√ -
检举	控告	√					√				√ -
宣传	表彰	√					√				√
综合	分析			√	√						√
政策	法规			√	√						√
资金	人力			√	√						√
智慧	汗水			√	√						√
目的	手段			√	√						√
修改	补充		√			√					√
亲人	朋友			√	√						√ -
地理	气候			√	√						√
技术	设备			√	√						√

续表

第一项	第二项	权力	时间	显著性	重要性	积极性	递升	平仄调序	音节数量	音节奇偶	词频
分析	评估		V				V				V
质量	价格			V	V						V
学习	生活										V -
知识	经验			V	V						V -
工业	农业			V	V						V
探索	追求		V				V				V -
实力	水平			V	V						V -
时代	社会										V -
知识	技术			V	V						V -
尊敬	爱戴						V				V
影响	制约		V				V				V
自然	社会										V -
卫生	质量			V	V						V -
政治	组织										V
荣誉	奖励						V				V
团结	友谊						V				V
鲜花	掌声										V -
企业	产品			V	V						V
责任	义务						V				V
市场	社会			V							V
艰巨	复杂						V				V -
时间	空间			V -							
地区	县	V									V
城市	农村			V	V						V
生活	艺术			V							V

续表

第一项	第二项	权力	时间	显著性	重要性	积极性	递升	平仄调序	音节数量	音节奇偶	词频
学校	社会			√	√						√ -
认识	理解		√			√					√ -
鼓励	保护		√			√					√ -
教师	学生	√		√	√						√
美国	日本			√	√						√
动物	植物			√							√
图片	实物			√ -							√
内容	形式			√	√						√
工作	生活			√ -							√
个人	社会	√ -		√ -							√ -
经济	社会			√ -							√
部门	行业			√	√						√
常委	委员	√		√	√						√ -
物质	精神			√	√						√ -
年龄	性别			√ -							√
创造	发展		√				√				√
整顿	改革		√				√				√
创作	研究		√				√				√
能源	交通			√	√						√
勇气	力量		√								√
培养	教育		√				√				√
权力	责任			√	√	√					√
中部	南部			√							√ -
拥护	支持		√								√ -
支持	参与		√				√				√

续表

第一项	第二项	权力	时间	显著性	重要性	积极性	递升	平仄调序	音节数量	音节奇偶	词频
措施	建议										V
科技	教育			V	V						V -
方案	措施			V	V						V -
国际	国内										V
自由	民主			V	V						V -
质量	效率			V	V						V
数量	规模			V	V						V -
文化	技术			V	V						V
批评	监督	V					V				V -
教育	科学			V							V
推广	普及	V					V				V
工期	质量			V	V						V -
家庭	社会			V -							V -
蔬菜	水果			V	V						V
组织	宣传	V					V				V
形状	大小			V -							V
创新	发展	V					V				V -
组装	生产	V					V				V
物资	技术			V	V						V -
发现	发明		V								V
训练	管理			V	V						V -
突破	进展					V -					V
技术	经验			V	V						V
途径	方法			V							V -
指导	帮助	V					V				V -

续表

第一项	第二项	权力	时间	显著性	重要性	积极性	递升	平仄调序	音节数量	音节奇偶	词频
黑人	白人										V
条件	能力										V
挫折	失败										V-
宗教	哲学										V-
知识	人才			V	V						V
抵制	反对	V					V				V-
决心	信心						V-				V
精神	肉体			V-							
比赛	表演			V	V						
文字	图片			V-							
牺牲	贡献						V-				V-
管理	指导	V					V				V
体力	脑力			V	V						
加强	发展	V					V				V-
安全	健康			V	V						
指导	管理	V					V				V
指导	监督	V					V				V
方法	工具			V							
妻子	母亲	V-									V-
剥削	压迫	V					V				V-
自由	权利			V	V						V
教育	启发	V					V				V
地区	行业										V
广度	深度			V	V						V-
地位	权利			V	V						V

续表

第一项	第二项	权力	时间	显著性	重要性	积极性	递升	平仄调序	音节数量	音节奇偶	词频
技术	人才			V	V						V
交流	沟通		V				V				V
老师	家长	V		V	V						V
欢乐	痛苦					V					V-
影响	作用										V-
概括	总结										V
太阳	地球	V									V

说明:"V"代表词序制约因素在该二项式中活跃,且能正确预测优势词序;"V-"表示词序制约因素存在,但未能正确预测优势词序,以下同。

附录6　英语并列双项式词序制约因素分布

双项式	权力	时间	显著性	重要性	积极性	递升	其他
men and women	V						
England and Wales			V				
economic and social			V				
health and safety			V	V			
black and white			V -				V
trade and industry				V -			V
research and development		V				V	
goods and service			V	V			
science and technology			V	V			
Mr. and Mrs.	V						
law and order			V	V			
education and training			V	V			
social and political			V -				V
mum and dad	V -						V
women and children	V						
bed and breakfast				V -			V
name and address			V	V			
political and economic			V	V			

续表

双项式	权力	时间	显著性	重要性	积极性	递升	其他
north and south			V				
husband and wife	V						
terms and conditions			V	V			
oil and gas			V	V			
east and west			V				
profit and loss					V		
management and business				V -			V
boys and girls	V						
family and friends			V	V			
education and science			V	V			V
bits and pieces							V
town and country			V	V			
brothers and sisters	V						
day and night			V	V			
deaf and dumb							V
ladies and gentlemen	V -						V
radio and television		V	V -	V -			
time and money			V	V			
hardware and software			V	V			
wait and see		V					
national and international			V				
economic and monetary			V				
strengths and weaknesses					V		
mother and father	V -						V
life and death	V				V		
hon. and learned							V

续表

双项式	权力	时间	显著性	重要性	积极性	递升	其他
fruit and vegetables			V -	V -			V
industry and commerce			V	V			
art and design			V				
towns and cities			V -	V -			
theory and practice			V	V			
old and new			V -				
customs and excise			V				
fish and chips			V	V			
time and effort			V	V			
social and cultural			V -				
rules and regulations			V				
head and shoulders			V				
bread and butter			V	V			
salt and pepper			V	V			
arms and legs			V				
schools and colleges			V				
Scotland and Wales			V	V			
internal and external							
parents and children	V						
man and woman	V						
towns and villages			V	V			
Marx and Engels			V	V			
physical and mental			V	V			
central and local			V				
highlands and islands			V				
sales and marketing			V	V			

续表

双项式	权力	时间	显著性	重要性	积极性	递升	其他
fisheries and food			V -	V -			V
space and time			V				
local and national			V				
industrial and commercial				V			
France and Germany			V				
advantages and disadvantages					V		
time and energy			V	V			
costs and benefits					V -		V
gold and silver			V	V			
hot and cold			V				
brother and sister	V						
British and American			V				
turned and looked		V					
food and drink			V	V			
names and addresses			V	V			
aims and objectives			V				
blue and white			V				
trial and error		V					
good and bad					V		
large and small			V				
Tyne and Wear							V
landlord and tenant	V						
central and eastern			V -				V
rank and file							V
upper and lower			V				
prince and princess	V						

续表

双项式	权力	时间	显著性	重要性	积极性	递升	其他
wife and children	V						
science and engineering			V				
products and services			V				
pros and cons							V
training and enterprise							V
Britain and France			V				
knowledge and skills			V	V			
positive and negative					V		
Marks and Spencer							V
accident and emergency						V	
monopolies and merges							V
policy and resources			V	V			
July and August		V					
fathers and son	V						
plants and animals							V
young and old	V						
rich and poor					V		
private and public							V
males and females	V						
age and sex							V
time and place			V	V			
friends and relatives			V -	V -			V
cause and effect		V					
part and parcel							V
rises and falls					V		
trees and shrubs			V				

续表

双项式	权力	时间	显著性	重要性	积极性	递升	其他
formal and informal					V		
waste and recycling			V				
Charles and Diana	V						
ups and downs			V				
Oxford and Cambridge							V
tea and coffee							V
flora and fauna			V -				V
pay and conditions			V	V			
shapes and sizes			V -				
Victoria and Albert	V						
care and attention							V
policy and practice			V				
urban and regional			V	V			
read and write			V	V			
wear and tear		V					
true and fair							V
advice and assistance		V				V	
England and Scotland			V				
personal and social			V				
hands and feet			V				
computing and methodology							V
words and phrases			V				V
Australia and New (Zealand)			V	V			
arts and crafts			V				
iron and steel			V				
individuals and groups			V	V			

续表

双项式	权力	时间	显著性	重要性	积极性	递升	其他
spring and summer		V					
rights and obligations					V		
high and low							
knowledge and experience			V	V			
south and east			V				
mind and body			V -	V -			V
tried and tested		V					
Romeo and Juliet	V						
size and shape			V				
alive and well						V	
materials and methods			V	V			
agriculture and food			V -				
life and work			V				
Europe and North (America)			V				
north and west			V				
help and advice							V
Saturday and Sunday		V					
transport and communications			V				
banks and building							V
May and June		V					
health and welfare			V	V			
intents and purposes							V
rights and duties					V		
income and expenditure					V		
doctors and nurses			V	V			
crime and punishment		V					

续表

双项式	权力	时间	显著性	重要性	积极性	递升	其他
children and adults	V -						V
flesh and blood							V
restrictions and limitations							V
left and right			V	V			
political and military			V	V			
cherry and whites							V
facts and figures			V	V			
city and guilds			V	V			V
red and white			V				
friends and colleagues			V	V			
January and February		V					
Britain and Ireland			V				
growth and development		V				V	
policemen and women	V						
security and co-operation			V	V			
mother and baby	V						
France and Italy			V				
Marks and Spencer's			V				V
tariffs and trade			V				
live and work			V	V			
top and bottom			V				
turned and walked		V					
direct and indirect					V		
hands and knees			V				
bought and sold		V					
input and output		V			V		

续表

双项式	权力	时间	显著性	重要性	积极性	递升	其他
newspapers and magazines		V					V
teaching and learning			V	V			
Europe and America			V				
information and advice						V	
urban and rural			V				
(West) Bank and Gaza							V
fish and chip			V				
days and nights			V				
film and television		V					
political and cultural			V				
national and regional			V -				
TV and radio		V -					V
staff and students	V		V	V			
assets and liabilities					V		
knowledge and understanding		V					
scientific and technical			V	V			
friends and neighbours			V	V			
teachers and pupils	V		V	V			
parents and teachers	V -		V -	V -			V
health and education			V	V			
gas and electricity							V
can and should						V	V
co-operation and development		V				V	
wind and rain		V					
mother and child	V						
said and done		V					

续表

双项式	权力	时间	显著性	重要性	积极性	递升	其他
doors and windows			V	V			
day and age							V
noble and learned							V
Adam and Eve	V						
Friday and Saturday		V					
knife and fork							V
Britain and America			V				
regional and local			V -				V
vitamins and minerals			V	V			
supply and demand					V		
king and queen	V						
gains and losses					V		
sons and daughters	V						
teaching and research			V	V			
British and French			V				
policy and decision			V	V			
designed and built		V					
economic and financial			V -				
Germany and Italy			V				
mother and daughter	V						
syntactic and semantic			V	V			
thoughts and feelings							V
food and water			V	V			
planning and development		V					
plant and animal							V
scientific and technological			V	V			

续表

双项式	权力	时间	显著性	重要性	积极性	递升	其他
health and fitness			V				
training and development		V				V	
gin and tonic			V	V			
June and July		V					
futures and options							V
France and Spain			V				
England and France			V				
buy and sell					V		
bread and cheese			V	V			
Devon and Cornwall							V
quick and easy			V				V
eyes and ears			V	V			
environment and development			V	V			
efficiency and effectiveness						V	
design and construction		V					
universities and polytechnics			V -				
museums and galleries							V
physical and emotional			V	V			
capital and labour			V	V			
April and May		V					
March and April		V					
peace and security			V	V			
August and September		V					
censuses and surveys		V					
can and do						V	
address and telephone			V	V			

续表

双项式	权力	时间	显著性	重要性	积极性	递升	其他
political and ideological			V	V			
inner and outer			V				
morbidity and mortality		V				V	
wages and prices							
length and breadth			V				
time and resources			V	V			
Czech and Slovak							V
sand and gravel							V
food and wine			V	V			
language and literature			V	V			
cup and saucer			V	V			
production and distribution		V					
church and state	V						
fair and reasonable							V
land and buildings			V	V			
coal and steel							V
social and environmental			V -				V
Iraq and Kuwait							V
domestic and foreign			V				
Africa and Asia							V
nature and extent							V
south and west			V				
September and October		V					
patients and methods	V						
summer and autumn		V					
Spain and Portugal							V

续表

双项式	权力	时间	显著性	重要性	积极性	递升	其他
male and female	V						
quality and quantity			V	V			
lesbian and gay	V -						V
birds and animals			V				
Benson and Hedges							V
Yorkshire and Humberside							V
hearts and minds			V				
India and Pakistan							V
social and psychological							V
male and female	V						
beginning and end		V					
war and peace					V -		
Germany and Japan			V				
training and employment		V					
stocks and shares							V
stopped and looked		V					
horse and cart			V				
hard and fast							V
rich and famous						V	
nuts and bolts							V
husbands and wives	V						
language and culture			V				
north and east			V				
steak and kidney							V
securities and investments			V	V			
ebb and flow		V					

续表

双项式	权力	时间	显著性	重要性	积极性	递升	其他
charges and expenses			V				
could and should						V	
wife and mother	V -						
coming and going		V					
HIV and AIDS						V	
primary and secondary			V	V			
further and higher							V
aches and pains							V
autumn and winter		V					
Trinidad and Tobago							V
wife and family	V						
see and do		V					
retribution and deterrence		V					
technology and innovation			V	V			
reconstruction and development		V				V	
give and take		V					
head and neck			V				
lesbians and gays	V -						
date and time			V -				
honeymoon and silver		V					
come and gone		V					
February and March		V					
small and medium-sized			V -				V
born and bred		V					
fixtures and fittings							V
plant and machinery							V

续表

双项式	权力	时间	显著性	重要性	积极性	递升	其他
labour and social			√				
mummy and daddy	√ -						
body and soul			√				
road and rail			√	√			
cattle and sheep			√	√			
behaviour and attitudes							√
duke and duchess	√						
pots and pans							√
report and accounts			√				
wives and children	√						
heaven and earth			√				
house and garden			√	√			
lived and worked			√	√			
front and back			√				
economic and cultural			√	√			
blue and green							√
Mills and Boon							√
fame and fortune							√
wife and daughter	√						
management and relations							√
library and information							√
morning and evening		√					
buyers and sellers					√		
similarities and differences					√		
bars and restaurants							√
turned and went		√					

续表

双项式	权力	时间	显著性	重要性	积极性	递升	其他
sit and watch		√					
pride and joy							√
domestic and international			√				
income and wealth		√					
rights and wrongs					√		
was and is		√					
ownership and control	√					√	
scientists and engineers			√	√			
Slovenia and Croatia							√
ways and means			√				
turned and ran		√					
production and consumption		√					
pink and white			√				
posts and telecommunications		√					
see and hear		√					
knives and forks							√

参考文献

Abraham, R. D. , Fixed order of coordinates: A study in comparative lexicography [J], *Modern Language Journal*, 1950 (34): 276 –287.

Allan, K. , Hierarchies and the choices of left conjuncts (with particular attention to English) [J], *Journal of Linguistics*, 1987 (23) .

Anderson, S. R. , *A-Morphous Morphology* [M], Cambridge: Cambridge University Press, 1991.

Benor, Sarah Bunin & Robert Levy, The chicken or the egg? A probabilisticanalysisof English binomials [J], *Language*, 2006 (82): 233 –277.

Bolinger, D. L. , Binomials and pitch accent [J], *Lingua*, 1962 (11): 34 –44.

Bonvillian, N. , *Language, Culture and Communication* [M], New Jercy: A Simon Schuster Company, 1993.

Cooper, William E. & John Robert Ross, World order [C], In E. Robin, L. Grossman, San. James & J. Vance . Timothy (eds.), *Papers from the parasession on function—alism* [C], Chicago: Chicago Linguistic Society, 1975, 63 –111.

Chao. R. Y., *Mandarin Prime*r [M], Boston: Harvard University Press, 1948.

Croft, William, *Typology and Universals*, Cambridge: Cambridge University Press, 1990.

Ellis, Nick, Frequency effects in language processing [J], *Studies in Second Language Acquisition*, 2002 (24): 143 – 188.

Fauconnier, Gilles and Eve Sweestser (eds.), *Spaces, Worlds and Grammar* [M], Chicago: University of Chicago Press, 1996.

Fauconner, Gi., *Mapping in Thought and Language* [M], Cambridge: Cambridge University Press, 1997.

Fauconnier, G. & Turner, M., *The Way We Think: Conceptual Blending and the Mind's Hidden Complexities* [M], New York: Basic Books, 2002.

Fenk-Oczlon, Gertraud, Word frequency and word order in freezes [J]. *Linguistics*, 1989 (27): 517 – 556.

Givon, T., HistoricalSyntax and Synchronic Morphology: An Archaeologist's Field Trip [J], *Chicago Linguistic Society*, 1971 (7): 394 – 415.

—— Iconicity, Isomorphism and Non-arbitrary Coding in Syntax [A], In J. Haiman, 1985b.

—— *Syntax: A Functional-Typological Introduction* [M], Vol. 2. Amsterdam: John Benjamins, 1990.

Greenberg, J. H. (ed.), *Universals of Language* [M], Cambri-dge: The MIT Press, 1963.

—— *Universals of Human Language* [M], Vol. 4 *Syntax*. Stanford: Stanford University Press, 1978.

Gustafsson, Martia, *Binomial Expressions in Present-day English: A*

Syntactic and Semantic Study [M], Turku: Turun Yliopisto, 1975.

Haiman, John. The iconicity of grammar: isomorphism and motivation [J], *Language*, 1980 (56).

—— Iconic and economic motivation [J], *Language*, 1983 (59).

—— *Natural Syntax* [M], Cambridge: Cambridge University Press, 1985a.

—— (ed), *Iconicity in Syntax*, Amsterdam: John Benjamins, 1985b.

Hawkins, J., *Word Order Universals* [M], New York: Academic Press, 1983.

Hopper, P. J. & Traugott E. C., *Grammaticalization* [M], Cambridge: Cambridge University Press, 1993.

Hsieh, Hsin-1, Chinese as a pictorial language [J], *Journal pf the Chinese Language Teachers Association*, 1978 (13).

Humboldt, W. V., On the grammatical structure of the Chinese Language [A], in T. Harden and D. Farrelly (eds), *Essays on Language/Wilhelm von Humboldt*, Frankfurt am Main: Lang, 1997, 95-110.

Jacobson, R., *Quest for the Essence of Language* [M], Diogenes, 1965.

Jespersen, Otto, *Growth and Structure of the English Language* [M], Leipzig: Teubner, 1905.

——*The Philosophy of Grammar* [M], London: Allan and Unwin, 1929.

——*A Modern English Gramma Part VI. Morphologyr* [M], Copenhagen: Ejnar Munksgaard, 1942.

Lakoff, G. 1987. *Women, Fire, and Dangerous Things: What Categories Reveal about the Mind* [M], Chicago: The University of Chicago Press, 1987.

Landsberg, M. E. (ed.), *Syntactic Iconicity and Linguistic Freezes: the Human Dimension*, Berlin: Walter de Gruter, 1995.

Langacker, R. W., *Foundations of Cognitive Grammar* (vol. 1): *Theoretical Prerequisites* [M], Stanford, California: Stanford University Press, 1987.

——*Foundations of Cognitive Grammar* (vol. 2): *Descriptive Applications* [M], Stanford, California: Stanford University Press, 1991a.

——*Concept, Image, and Symbol: The Cognitive Basis of Grammar* [M], Berlin: Mouton de Gruyter, 1991b.

——*Grammar and Conceptualization* [M]. Berlin: Mouton de Gruyter, 1999. Markman, A. B. *Knowledge Representation* [M], Mahwah, N. J.: Lawrence Erlbaum Associates, 1999.

Leech, G., *Principles of Pragmatics* [M], Oxford: OUP, 1983.

Liberman, M. & R. Sproat, Thestress and structure of modified noun phrases in English. [A], In I. A. Sag & Szabolicsi (eds.) *Lexical Matters*, Stanford: CSLI, 1992: 131 – 181.

Lyons, G., *Semantics* [M], Cambridge: Cambridge University Press, 1979.

Malkiel, Yakov, Studies in irreversible binomials [J], *Lingua*, 1959 (8): 113 – 160.

Makkai, Adam, *Idiom Structure in English* [M], The Hague and Paris: Mouton, 1972.

Mollin, Sandra. Revisiting binomial order in English: ordering constraints andreversibility [J], *English Language and Linguistics*, 2012 (16): 81 – 103.

Nida, E., *Translating Meaning* [M], Sam Dimas: English Language Institute, 1982.

——*Language, Culture, and Translating* [M], Shanghai: Shanghai Foreign Language Education Press, 1993.

Oakeshott-Taylor, John. Phonetic factors in word order [J], *Pho-netica*, 1984 (41): 226 – 37.

Packward, J. L. , *The Morphology of Chinese: A Linguistic and Cognitive Approach* [M], Cambridge: Cambridge University Press, 2000.

Parker, Steve. The psychological reality of sonority in English [J]. *Word*, 2003 (54): 359 – 399.

Pinker, Steven and David Birdsong. Speakers' sensitivity to rules of frozen word order [J], *Journal of Verbal Learning and Verbal Behavior*, 1979 (18): 497 – 508.

Quirk, R. et al. , *A Comprehensive Grammar of the English Language* [Z], London: Longman Press, 1985.

Simone, R. (ed), *Iconicity in Language*. Amsterdam: John Benjamins, 1994.

Slobin, D. , The child as linguistic icon-maker [A], In J. Haiman. 1985b.

Sobkowiak, Wlodzimierz. Unmarked-before-marked as a freezing principle [J], *Language and Speech* 1993 (36): 393 – 414.

Tai. James H-Y. , Temporal Sequence and Chinese Word Order [A], In Haiman, 1985b.

Taylor, John, *Linguistic Categorization—Prototypes in Linguistic The-*

ory [M], London: Oxford University Press. 1989.

Wright, Saundra, Jennifer Hay & Fred and Wilma: A phonological conspiracy [A], In Sarah Benor, et al (eds.), *Gender and Linguistic Practice*. Stanford, CA: CSLI Publications, 2002: 175 – 191.

Ungerer, F. & H. J. Schmid, *An Introduction to Cognitive Linguistics* [M], New York: Addison Welsley Longman Limited, 1996.

Dictionaries:

The American Heritage Dictionary, 3rd Edition, Houghton Mifflin Company, 1999

The World Book Dictionary, Chicago: World Book-Childcraft International. Inc., 1981.

曹炜:《汉英成对词比较研究》,《外语与外语教学》2004 年第 1 期。

崔希亮:《语言理解与认知》,北京语言文化大学出版社 2001 年版。

崔应贤:《论联合词组内部的语序规则》,《河南师范大学学报》(哲学社会科学版) 1987 年第 1 期。

崔应贤:《现代汉语定语的语序认知研究》,中国社会科学出版社 2002 年版。

蔡基刚:《英汉词汇对比研究》,复旦大学出版社 2008 年版。

储泽祥:《汉语联合短语研究》,湖南大学出版社 2002 年版。

戴浩一著,黄河译:《时间顺序和汉语的语序》,《国外语言学》1988 年第 1 期。

邓云华:《英汉联合短语的对比研究》,湖南人民出版社 2005 年版。

邓云华:《汉语联合短语的类型和共性研究》,博士学位论文,湖南师范大学,2004 年。

邓云华：《并列短语典型性的认知研究》，《外语与外语教学》2007年第5期。

丁邦新：《国语中双音节骈列语两成分间的声调关系》，《历史语言研究所集刊》，1969年。

丁声树、吕叔湘等：《现代汉语语法讲话》，商务印书馆1952年版。

董秀芳：《词汇化：汉语双音词的衍生和发展》，商务印书馆2011年版。

范晓：《短语》，商务印书馆2000年版。

范晓：《关于汉语的语序问题（二）》，《语言文字学》2002年第4期。

冯胜利：《汉语韵律句法学》，上海外语教育出版社2000年版。

冯胜利：《韵律语法理论与汉语研究》，《语言科学》2007年第2期。

高明凯：《语言与思维》，三联书店1956年版。

高明凯：《汉语语法论》，商务印书馆1986年版。

高琴：《现代汉语并列结构的语序考察》，硕士学位论文，山西大学，2004年。

顾嘉祖、陆升：《语言与文化》，上海外语教育出版社1990年版。

顾嘉祖：《中美语言与文化比较研究》，南京师范大学出版社1998年版。

顾嘉祖：《跨文化交际——外国语言文学中的隐蔽文化》，南京师范大学出版社2000年版。

郭凤岚：《"又A又B"格式的认知模式》，《世界汉语教学》2000年第3期。

胡附、文栋：《汉语语序研究中的几个问题》，《中国语文》1984

年第 3 期。

胡裕树：《现代汉语》，上海教育出版社 1984 年版。

胡裕树、陆丙甫：《关于制约汉语语序的一些因素》，《烟台大学学报》1988 年第 1 期。

胡壮麟：《美国功能语言学家 Givon 的研究现状》，《国外语言学》1996 年第 4 期。

黄伯荣、廖序东：《现代汉语》，高等教育出版社 2002 年版。

季永兴：《汉语与语言学理论》，黄山书社 2010 年版。

金积令：《汉英词序对比研究——句法结构中的前端重量原则和末端重量原则》，《外国语》1998 年第 1 期。

蒋文钦、陈爱文：《关于并列结构固定词语的内部次序》，《中国语文》1982 年第 1 期。

李祥林：《"阴阳"词序的文化辨析》，《民族艺术》2002 年第 2 期。

李育林、邓云华：《并列短语标记性的认知研究》，《外语与外语教学》2009 年第 4 期。

李玉萍：《标记理论及其在外语教学中的应用》，《解放军外国语学院学报》2004 年第 4 期。

连淑能：《英汉对比研究》，高等教育出版社 2010 年版。

廖秋忠：《语言的共性与类型述评》，《国外语言学》1984 年第 4 期。

廖秋忠：《现代汉语并列名词性成分的顺序》，《中国语文》1992 年第 3 期。

刘茁：《词汇化程度的英汉对比分析》，《深圳大学学报》（人文社会科学版）2005 年第 4 期。

刘宁生：《汉语怎样表达物体的空间关系》，《中国语文》1995 年第 3 期。

鲁川:《汉语的意合网络》,《语言文字应用》1998年第2期。

鲁川:《汉语语法的意合网络》,商务印书馆2001年版。

鲁川:《预想论:现代汉语顺序的认知研究》,《世界汉语教学》2005年第1期。

卢卫中:《词序的认知基础》,《解放军外国语学院学报》2002年第5期。

罗常培:《汉语音韵学导论》,中华书局1956年版。

吕叔湘:《现代汉语单双音节问题初探》,《中国语文》1963年第1期。

吕叔湘:《中国文法要略》,商务印书馆1982年版。

吕叔湘等:《语法研究入门》,商务印书馆1999年版。

吕翼平:《汉语语法基础》,黑龙江人民出版社1983年版。

闵家胤:《阳刚与阴柔的变奏——两性关系和社会模式》,中国社会科学出版社1995年版。

马清华:《论汉语并列复合词调序的成因》,《语言研究》2009年第1期。

潘文国:《汉英对比纲要》,北京语言文化大学出版社1997年版。

潘文国:《对比语言学:历史与哲学思考》,上海教育出版社2006年版。

彭在义:《英汉并列词组的词序与翻译》,《大学英语》1998年第3期。

彭在义、陈萍:《试论英汉语中的成对词组》,《现代外语》1990年第3期。

齐永法:《并列结构中的对等关系》,《现代外语》1989年第2期。

申小龙:《语言的文化阐释》,知识出版社1992年版。

申小龙:《汉语与中国文化》,复旦大学出版社 2008 年版。

沈家煊:《句法的象似性问题》,《外语教学与研究》1993 年第 1 期。

沈家煊:《不对称和标记论》,江西教育出版社 1999 年版。

沈家煊:《"糅合"和"截搭"》,《世界汉语教学》2006 年第 4 期。

沈家煊:《概念整合与浮现意义》,《修辞学习》2006 年第 5 期。

石羽文:《英汉并列成分排列的异同》,《科技英语学习》1984 年第 2 期。

石毓智:《语法的认知语义基础》,江西教育出版社 2000 年版。

石毓智:《语法的概念基础》,上海外语教育出版社 2006 年版。

束定芳:《认知语义学》,上海外语教育出版社 2008 年版。

孙欣平:《英汉并列结构短语中词序的文化折射》,《绥化学院学报》2006 年第 5 期。

汪榕培、顾雅云:《英语成对词》,上海外语教育出版社 1998 年版。

汪榕培:《英语词汇学研究》,上海外语教育出版社 2000 年版。

王成宇:《并列型标题各并列项的信息量问题》,《语言文字应用》2002 年第 3 期。

王珏:《现代汉语名词研究》,华东师范大学出版社 2000 年版。

王吉辉:《固定语研究》,南开大学出版社 2009 年版。

王会芬:《汉英并列结构语序的比较研究》,硕士学位论文,安徽大学,2007 年。

王力:《词和仂语的界限问题》,《中国语文》1953 年第 9 期。

王甦、汪安圣:《认知心理学》,北京大学出版社 2006 年版。

王希杰:《汉语修辞学》,商务印书馆 2007 年版。

王寅:《标记象似性》,《外语学刊》1998 年第 3 期。

王寅:《论语言符号象似性》,新华出版社1999年版。
王寅:《认知语言学》,上海外语教育出版社2006年版。
王正元:《概念整合理论及其应用研究》,高等教育出版社2009年版。
文炼:《固定短语和类固定短语》,《世界汉语教学》1988年第2期。
文旭:《词序的拟像性探索》,《语言文字学》2001年第3期。
吴竞存、梁伯枢:《现代汉语句法结构与分析》,语文出版社1992年版。
吴茜:《现代汉语并列结构的语序考察》,硕士学位论文,天津师范大学,2009年。
吴为善:《汉语韵律框架及其词语整合效应》,学林出版社2011年版。
吴为章:《语序重要》,《中国语文》1995年第6期。
吴阳:《英汉并列结构的比较与翻译》,硕士学位论文,湖南师范大学,2003年。
吴云芳:《面向中文信息处理的现代汉语并列结构研究》,《语言文字应用》2004年第2期。
肖晓晖:《汉语并列双音词构词规律研究——以〈墨子〉语料为中心》,中国传媒大学出版社2009年版。
谢信一著,叶蜚声译:《汉语中的时间和意向(中)》,《国外语言学》1992年第1期。
邢福义:《现代汉语》,高等教育出版社1991年版。
邢福义:《语法问题发掘集》,湖北教育出版社1992年版。
邢福义:《汉语语法学》,东北师范大学出版社1997年版。
邢福义:《汉语语法三百问》,商务印书馆2002年版。
徐盛桓:《心智哲学与认知语言学创新》,《北京科技大学学报》

（社会科学版）2010年第1期。

徐新：《制约联合短语各组成部分换序的因素》，《科技咨询导报》2007年第5期。

许余龙：《对比语言学概论》，上海外语教育出版社1992年版。

严辰松：《语言临摹性概说》，《国外语言学》1997年第3期。

杨自俭、李瑞华：《英汉对比论文集》，上海外语教育出版社1990年版。

叶建军：《"标记"概念刍议》，《福建外语》1999年第4期。

于建伟：《英语新词名—名复合词研究》，硕士学位论文，河南大学，2008年。

袁毓林：《定语顺序的认知解释及其理论蕴涵》，《中国社会科学》1999年第2期。

詹卫东：《80年代以来汉语信息处理研究述评——作为现代汉语语法研究的应用背景之一》，《当代语言学》2000年第2期。

张伯江、方梅：《汉语功能语法研究》，江西教育出版社1996年版。

张国宪：《现代汉语形容词功能与认知研究》，商务印书馆2006年版。

张静：《关于动词的附类和合成谓语》，《文史哲》1979年第5期。

张璐：《从东西南北谈汉语语序所反映的认知过程》，《语言研究》2002年第4期。

张玲：《象似语序与突显语序互动研究——以英汉语为例》，博士学位论文，华东师范大学，2009年。

张敏：《认知语言学与汉语名词短语》，中国社会科学出版社2008年版。

张宜波、赵德玉、刘秀丽：《英汉成对词词序的理据》，《中国海洋大学学报》(社会科学版) 2006 年第 1 期。

张宜春：《并列结构中并列项的句法结构和序列》，《盐城师范学院学报》2003 年第 3 期。

赵永新：《汉语的"和"与英语的"and"》，《语言教学与研究》1983 年第 1 期。

赵元任：《汉语口语语法》，商务印书馆 1979 年版。

赵元任：《语言问题》，商务印书馆 2003 年版。

赵艳芳：《认知语言学概论》，上海外语教育出版社 2001 年版。

郑振贤：《论汉语词序安排的基本原则》，《汉语学习》1995 年第 3 期。

邹哲承：《联合结构研究》，博士学位论文，上海师范大学，2001 年。

周荐：《四字组合论》，《汉语学报》2004 年第 1 期。

周荐：《汉语词汇结构论》，上海辞书出版社 2005 年版。

周欣：《现代汉语并列 N 项式研究》，硕士学位论文，河北大学，2006 年。

周祖谟：《汉语骈列的词语和四声》，《北京大学学报》1953 年第 3 期。

朱德熙：《语法讲义》，商务印书馆 1982 年版。